新质生产力
中国经济增长新动能

本书编写组 ◎ 编著

NEW
QUALITY
PRODUCTIVE
FORCES
NEW GROWTH DRIVERS FOR
CHINA'S ECONOMIC GROWTH

经济日报出版社
北 京

图书在版编目（CIP）数据

新质生产力：中国经济增长新动能 / 本书编写组编著. -- 北京：经济日报出版社，2025.3.
ISBN 978-7-5196-1556-7

Ⅰ. F120.2

中国国家版本馆CIP数据核字第20249UR223号

新质生产力：中国经济增长新动能
XINZHI SHENGCHANLI：ZHONGGUO JINGJI ZENGZHANG XINDONGNENG
本书编写组　编著

出版发行：	经济日报出版社	
地　　址：	北京市西城区白纸坊东街2号院6号楼	
邮　　编：	100054	
经　　销：	全国各地新华书店	
印　　刷：	天津裕同印刷有限公司	
开　　本：	880mm×1230mm　1/32	
印　　张：	5.5	
字　　数：	106千字	
版　　次：	2025年3月第1版	
印　　次：	2025年3月第1次	
定　　价：	58.00元	

本社网址：www.edpbook.com.cn，微信公众号：经济日报出版社
请选用正版图书，采购、销售盗版图书属违法行为
版权专有，盗版必究。本社法律顾问：北京天驰君泰律师事务所，张杰律师
举报信箱：zhangjie@tiantailaw.com　　举报电话：（010）63567684
本书如有印装质量问题，由我社事业发展中心负责调换，联系电话：（010）63538621

目录
CONTENTS

❶ 新质生产力之"新认识"

科学认识与切实发展新质生产力 / 003
    中国人民大学原校长、国家一级教授　刘　伟

推动新质生产力沿着正确方向发展 / 024
    清华大学国家金融研究院院长、
    五道口金融学院副院长　田　轩

❷ 新质生产力之"新要素"

以积极财政政策大力发展新质生产力 / 035
    北京大学光华管理学院院长、金融学系教授　刘　俏

建立高标准市场体系　创新生产要素配置方式 / 039
    中国宏观经济研究院战略政策室主任、研究员　盛朝迅

③ 新质生产力之"新产业"

以科技创新引领现代化产业体系建设 / 055

上海财经大学校长　刘元春

构建现代化产业体系 加快发展新质生产力 / 062

南开大学党委常委、副校长　盛　斌

④ 新质生产力之"新动能"

发挥基础研究在实现科技自立自强中的重大作用 / 073

清华大学经济管理学院教授　陈　劲

以科技创新为核心主导　加快发展新质生产力 / 083

国务院发展研究中心市场经济

研究所副所长、研究员　魏际刚

国务院发展研究中心副研究员　李苍舒

加强科技平台企业赋能　加快发展新质生产力 / 091

北京理工大学公共管理系主任、研究员　尹西明

⑤ 新质生产力之"新模式"

打造数据存储产业，助力发展新质生产力 / 107

中国工程院院士　倪光南

数字化创新加快新质生产力发展 / 112

北京工商大学数字经济研究院院长　白津夫

适应新质生产力优化数字营商环境，促进"数实融合" / 132
　　　　　中国人民大学元宇宙研究中心研究员　杨　东
　　　　　中国人民大学区块链研究院助理研究员　李军梅

厚植新质生产力的绿色底蕴 / 144
　　　　　中央财经大学证券期货研究所副所长　史英哲

新质生产力是推动新能源产业高质量发展的重要引擎 / 155
　　　　　全国人大代表、天能控股集团董事长　张天任

聚焦品牌建设　赋能新质生产力 / 163
　　　　　分众传媒创始人、董事长　江南春

新质生产力之"新认识"

科学认识与切实发展新质生产力

刘 伟

（中国人民大学原校长、国家一级教授）

2023年9月，习近平总书记在黑龙江省考察时提出"新质生产力"这一崭新的经济学理论范畴，指出要"整合科技创新资源，引领发展战略性新兴产业和未来产业，加快形成新质生产力"。2024年1月31日中共中央政治局第十一次集体学习时，习近平总书记进一步阐释了"新质生产力"的内涵和特点，就理论概括而言，"新质生产力是创新起主导作用，摆脱传统经济增长方式、生产力发展路径，具有高科技、高效能、高质量特征，符合新发展理念的先进生产力质态"。就实践需要而言，"发展新质生产力是推动高质量发展的内在要求和重要着力点，必须继续做好创新这篇大文章，推动新质生产力加快发展"。2023年12月召开的中央经济工作会议对培育和推动新质生产力发展作出了进一步的战略部署和政策安排。中央各部门和各级地方政府围绕如何发展新质生产力作出积极的建设性回应。什么是新质生产力？为什么要发展新质生产力？怎样发展新质生产力？这些问题成为我国经济理论和发展实践中需要深入研究和探索的重大问题。

一、新质生产力是经济学理论上的重要创新和发展

1. 新质生产力的基本内涵

所谓新质生产力，正如习近平总书记所阐释的，"以劳动者、劳动资料、劳动对象及其优化组合的跃升为基本内涵，以全要素生产率大幅提升为核心标志，特点是创新，关键在质优，本质是先进生产力"。从根本上说，生产力是人类运用生产资料通过与自然之间能动的劳动过程创造财富的能力，即劳动者运用劳动资料作用于劳动对象形成的生产能力。正如马克思所概括的，作为生产力的集中体现，"劳动生产力"构成要素包括"工人的平均熟练程度，科学的发展水平和它在工艺上应用的程度，生产过程的社会结合，生产资料的规模和效能，以及自然条件"。也就是说，生产力是人类与客观物质世界间能动过程中的劳动生产力，其构成要素包括劳动者、生产资料、自然条件，其组合方式包括技术方式和社会结合。

从自然形式上看，这种生产能力包括"质"和"量"两个基本方面的规定。"质"的规定性主要在于由相应科技水平决定的生产力的要素及构成的有效性，即要素禀赋和全要素生产率。之所以说科技是第一生产力，就在于科技决定生产力的"质"，进而决定要素禀赋和全要素生产率。"量"的

规定性主要在于由既定生产要素数量和投入决定的生产力的产出规模，即财富生产数量和相应的生产量的可能性区间。从社会形式上看，这种生产能力作为人类与自然之间能动的变换过程中形成的创造财富的物质力量，具有自然物质性和社会历史性两重性质。社会历史形态上的生产力本质上是指生产的社会方式，即生产关系。自然形态的生产力（物质生产力）质和量的特征，从根本上决定了社会形态的生产力（社会生产力）的性质和发展趋势，正如马克思所指出的："手推磨产生的是封建主的社会，蒸汽磨产生的是工业资本家的社会。"社会形态的生产力的结构和历史特征，从制度上制约着自然形态生产力发展和解放的可能。马克思曾指出，资本主义生产方式所推动的生产力发展比以往的总和还要多。根据马克思主义唯物史观，人类社会正是在这种生产力的自然物质形态和社会历史形态的对立统一矛盾运动中实现发展的，马克思主义经济学也是在阐述这一矛盾运动过程基础上揭示人类社会经济发展规律的。之所以说生产力是人类社会发展进程中最具活跃性和革命性的力量，首要的原因就在于自然物质形态和社会历史形态对立统一矛盾运动中生产力发展的技术创新性和制度革命性。

首先，新质生产力强调，作为自然物质生产力发展的关键在于"质"的变革，即生产力要素禀赋和组合方式的深刻变革，从而大幅提升全要素生产率。而根据要素禀赋和组合方式的变革以及在此基础上的全要素生产率大幅提升的内在

新质生产力：中国经济增长新动能

逻辑，创新驱动是核心动能，是生产力"质"的变革的突出特征。因此，科技是第一生产力，创新是第一动力，人才是第一资源，这些都是培育新质生产力的重要发展规律。正如习近平总书记所指出的："科技创新能够催生新产业、新模式、新动能，是发展新质生产力的核心要素。"只有以创新驱动为主导，培育发展新质生产力的新动能，才能根本改变经济增长方式，为经济量的合理增长和规模扩张创造新的可能和结构空间，深刻改变生产函数，以适应经济社会发展进入新阶段后的目标函数和约束函数变化的要求，在新质生产力基础上，实现中国式现代化所要求的经济量的发展目标。以"量"的合理增长体现"质"的变革效率，实现新质生产力推动经济发展质的有效提升和量的合理增长的统一。其次，新质生产力强调，生产力发展，关键在于完善生产关系，即基本制度和生产方式的变革。人类社会经济发展历史，改革开放以来中国特色社会主义发展创造的经济社会发展奇迹，特别是进入新时代以来所取得的历史性发展成就，表明制度创新和体制改革对解放和发展生产力具有决定性意义，新质生产力的发展对完善中国特色社会主义制度、构建高水平社会主义市场经济体制提出了更为深刻的历史要求。

从要素禀赋和全要素生产率提升来看，我国改革开放以来所取得的发展效率进展，重要的动因在于改革开放，或者说社会主义市场经济体制的改革和完善，中国特色社会主义基本制度从"初稿"到更加成熟定型,在相当大的程度上可以解释中国经济发展为什么具有活力和效率支撑,从而不同于西方学者所说的"东亚泡沫"。伴随中国式现代化进程的深入,中国特色社会主义制度将更加完善(2035年),更加巩固(2050年),其解放和发展生产力的作用会更加显现,对生产力要素禀赋和全要素生产率提升的能力会更为突出。

2. 马恩经典作家关于生产力学说的主要变革

在经济思想史中,"生产力"范畴的提出是与要素生产力联系在一起的,西方早期经济思想,如重农学派、重商主义等,所总结的劳动生产性即生产劳动以及与之相联系的在生产过程中不同生产要素的生产能力,都是指具体的要素在提供或制造财富中的作用及程度大小。例如,重农学派提出农业是最具生产性的,因而土地是最重要的生产要素;重商主义则强调商业最具生产性,因而贸易特别是国际贸易最具创造财富的能力;直到古典经济学,顺应产业革命的历史趋势,提出制造业具有生产性,如亚当·斯密在其《国富论》中就特别强调虽然农业提供"纯产品"因而具有明显的财富生产性,但制造业也同样具有生产创造性,而不仅仅是改变已有的财富形态,从而在生产力理论上为工业制造业的发展做出了重要的理论回应。同时,亚当·斯密在劳动价值论之外提出的第二种价值学说,把生产要素划分为劳动、资本、土地三大类,并均将其归结为价值的源泉,分别形成工资、利息、地租，奠定了资产阶级要素价值论的最初基础。后来的庸俗经济学更突出强调要素生产力，如萨伊所提出的客观效用（服务）价值论，不仅把要素特别是资本、自然等与劳动一道作为生产力的构成要素，作为生产财富的创造性源泉，而且把价值的创造和源泉归结为要素生产力，即客观要素价值论。直到当代，西方主流经济理论在一定意义上还沿袭着这一传统。

马克思主义的生产力理论及相应生产劳动学说，同样承认生产力的基本构成是各类生产要素及其构成，并将其大体概括为劳动者、劳动资料、劳动对象等不同类别，这些生产要素在一定的技术方式和制度方式的组合下形成系统的生产力。但不同于资产阶级经济学关于生产力的学说，马克思关于生产力的学说，一是在自然形态上，除承认不同要素具体的生产性及生产能力之外，更集中强调人与自然之间能动的物质交换过程中形成的生产力的一般性和客观性，即"物质生产力"，并且在阐释生产力的客观物质一般性的过程中，尤其强调人作为劳动者的能动性和重要性，是生产力系统中最重要的要素，即最重要的是"劳动生产力"。二是在讨论劳动与价值源泉的关系上，马克思承认包括各种劳动资料和自然资源以及劳动力等在内的生产要素对于作为使用价值形态的财富生产具有不可或缺性，对于产品的生产起到了不可替代的贡献作用。但就商品价值而言，只有劳动者的活劳动创造价值，人类抽象劳动是价值的唯一源泉，价值是一种特定的社会历史关系，不是一般意义上的"效用"。这不仅深刻指出了庸俗经济学效用价值论（服务价值论）的根本谬误，而且克服了古典经济学（亚当·斯密）在价值论上的二元性局限。三是马克思关于生产力的自然形态分析与社会形态分析是相互联系的辩证统一体。马克思关于"生产劳动"的学说在分析劳动的生产性过程中，关于"生产性"是从自然和社会两方面统一中定义的。生产劳动一方面要创造财富，生产具体的使用价值（有用性），另一方面要体现特定社会历史生产性质，体现一定的生产关系（社会性）。比如"资本主义生产（劳动）"作为"物质生产"必须创造财富，体现大机器工业的生产能力，作为"社会生产"必须创造剩余价值，体现资本雇佣劳动的生产目的，二者缺一不可，即缺少其中任何一个方面都不称其为资本主义社会条件下的"生产（劳动）"，从而扭转了资产阶级经济理论将生产的自然物质技术性与社会发展历史性割裂开来的倾向。

3. 新质生产力理论对马克思主义生产力学说的重要发展

（1）在生产力经济理论上，强调生产力自然形态构成上的发展和时代化。如果说古典经济学生产力学说是对制造业工业革命的历史回应，马克思主义生产力学说是对大机器工业化发展时代的科学回应，那么新质生产力学说则是对新的信息时代科技创新驱动下的产业革命做出的时代性历史性回应，赋予新质生产力"质"的新结构性定义，强调新质生产力"质"的变革核心是要素禀赋变革及相应的全要素生产率提升，使马克思主义生产力学说更具经济技术发展的时代化新特征。新质生产力的"新"是一个历史的发展的概念，具有突出的相对性和不确定性，从物质生产力本身的发展历史进程看，实质上是新的生产力逐渐改造和替代"旧"的生产力的迭代式升级过程。这个升级过程的核心动能在于生产要素"质"的变革和生产要素技术组合方式（生产函数）的根本改变，即要素禀赋演进和全要素生产率提升。要素禀赋和全要素生产率的提升推动产业和经济结构的改变、演进。新质生产力的发展、迭代以新产业培育为基础，产业结构演进是全要素生产率提升的函数，全要素生产率提升则是创新的函数，产业和产业结构变化则是这种技术创新与全要素生产率提升的体现和载体，进而生成系统性的生产能力迭代，这种迭代决定了生产力发展的历史进程。从人类文明发展史上看，生产工具经历了石器、铜器、铁器、机器直到当代数字智能工具；动力演进经历了从自然力（人力、畜力、风力、水力等）到机械力（热力、电力等）直到当代的智能"网力、算力"；产业体系经历了渔猎、农耕、工业、服务业。尤其是产业革命以来，第一次产业革命以把蒸汽机作为标志的机械化技术为突破点，带动纺织、交通运输、煤炭、钢铁等资源型产业发展；第二次产业革命以把电力作为标志的电气化技术为突破点，带动汽车、飞机等重工业和石化等能源产业发展；第三次产业革命以电子计算机、人工合成材料等信息化技术为突破点，带动电子信息、移动通信、互联网等信息产业和新技术、新装备、新能源、新医药等高新技术产业发展;第四次产业革命则以大数据、云计算、物联网、区块链、人工智能等数字技术为突破点,带动数字科技、能源科技、材料科技、生命科技和先进制造业为代表的战略性新兴产业实现生产力飞跃。新质生产力论从物质生产力发展的历史进程上对新一轮产业革命做出理论回应,既是对马克思主义生产力发展学说的运用,更是对新时代生产力演进规律的揭示。

(2) 在政治经济学理论上,强调要素禀赋和全要素生产率是新质生产力的核心。这就要求在理论上对全要素生产率进行"术语的革命",资产阶级经济学的要素生产力论和全要素生产率范畴是建立在"效用价值论"基础之上的,马克思生产力理论所说的"物质生产力"和"劳动生产力"等要素生产思想是建立在劳动价值论基础之上的。因此,"新质生产力"所提出的全要素生产率,一方面,并不是否定马克思劳动价值论,更不是对资产阶级传统"效用价值论"的沿用,而是指在生产自然物质技术意义上创造财富和使用价值的效率,不是指商品价值源泉意义上的创造。另一方面,在社会主义市场经济条件下,财富和使用价值(产品)的存在形式仍然是商品货币形态,其运动过程仍然是市场竞争机制,因此要素本身仍然是商品、要素系统性集合为生产力创造出的财富(使用价值),仍然要以商品价格总额的形式存在。所以,要素效率和全要素生产率的提升,既可以体现为具体的使用价值生产上的具体劳动效率的提高,也可以体现为以商品价格计量的价格总额以及产出水平的提升。把"全要素生产率"范畴引入"新质生产力",引入中国特色社会主义市场经济条件下的"高质量发展"命题,是对马克思劳动价值论的创造性坚持。

(3)在发展经济学上,强调作为最大的发展中国家发展逻辑的新突破。在经济发展史上,尤其是战后许多落后的国家在政治上获得独立之后,发展成为面临的首要问题,而实现发展的战略选择和政策方案又大都源自西方发达经济体的经济学家,形成所谓的"发展经济学",但成效并不显著。其中一个基本逻辑是在经济发展和结构上以发达国家的现代经济水平和结构状况作为发展中国家实现发展赶超的目标,确定经济增长目标和结构演进规划。结果,人均GDP量的差距并未真正缩小反而有所扩大,产业结构质态演进不仅没有实质性提升,反而更大程度上被定义在全球产业链和价值链分工体系的低端。实质上,这种以发达国家现代化状况为目标,追随发达经济体历史轨迹亦步亦趋的发展方式,是根本不可能实现追赶超越的;再加上制度上长期形成的"现代化等同于西方化"的迷思,把资本主义私有化、市场化、自由化作为实现现代化的唯一道路,使得发展中国家既缺乏真正的科技创新能力,又缺乏有效的制度创新。我国经济社会发展取得的历史性成就和创造的奇迹表明,只有打破这种发展战略和制度安排上的迷思,才能走出真正符合国情和民族实际的现代化道路。在经济社会发展进入新阶段，约束条件和发展目标均已发生深刻变化的基础上，我们只有坚持开拓中国式现代化文明新形态，才能真正实现发展。新质生产力的理论和实践不仅具有深刻的历史可能，而且具有迫切的历史需要。从发展的可能性上说，一是我国经济社会发展为新质生产力发展创造了一定的物质条件，我国已经进入世界创新型国家行列，某些领域和产业已经具有领先或并跑优势；二是当代科技革命和产业变革的重要时代特征和规律为我国新质生产力突破性发展创造了机遇，特别是在战略性新兴产业和未来产业当中，许多方面的技术创新具有鲜明的前沿性和开创性，"无人区"的存在降低了对原有科技创新的路径依赖程度，为我们提供了大体相同的起跑线，使我们在一些领域可能摆脱"后发"劣势并实现赶超，科技创新突破性进展的不确定性本身也提供超越的可能；三是中国超大规模的市场和相应的经济体量，不仅为新质生产力发展和相应的技术创新、产业突破提供了有利的市场条件和应用场景，而且可以降低创新的成本和风险，提升创新的市场竞争力。从实现的必要性上说，一是中国式现代化目标的实现，在新的约束条件下，特别是发展绿色化、数字化以及相应的人口年龄结构等方面发生系统性改变的环境下，仍然沿袭原有的发展方式很难达成，必须贯彻新理念，培育新质生产力，才能实现质的有效提升和量的合理增长。二是国际竞争新格局下，我国经济与发达经济体之间互补性逐渐减弱，竞争性不断强化,在原有的分工体系和结构格局下,很难实现可持续发展,必须在战略性新兴产业和未来产业中与发达经济体展开竞争,才能在国际分工格局和产业体系中获得生存力、竞争力、发展力、持续力,新质生产力的发展是新发展阶段构建新发展格局的必然要求。新质生产力理论立足当代科技革命的世界潮流,立足中国经济社会发展的实际,系统地突破西方经济发展理论的基本逻辑,是推动中国式现代化进程的重要理论指引。

二、新质生产力的发展实践需要遵循客观经济规律

1. 新质生产力的发展载体是构建现代化产业体系

新质生产力发展和培育的动能首先在于创新,包括技术创新和制度创新,从而带来要素禀赋的变革和赋能,带来要素效率和全要素生产率的提升,形成新的产业革命和产业结构质态演进。一方面,经济社会发展的实质在于产业结构高度的历史提升。事实上,工业化、信息化、智能化等反映现代化进程阶段性特征的概括,本质上都是指产业结构的时代变革,而不仅仅是经济规模的扩张,尽管结构质态的变革必然带来经济量态的提升,但量的规模扩张并不等于经济结构质态演进意义上的发展。另一方面,经济社会发展的困难也在于产业结构的升级。因为结构转换是长期的,而量的增长在短期内可以实现;结构失衡是深刻的矛盾累积,而总量失衡可以通过宏观政策取得明显效应;结构转换的动能在于技

术创新，而创新具有极为突出的不确定性；技术创新对制度创新有着深刻全面的要求，而制度创新又是极其复杂的社会变革过程。发展中国家的结构性失衡远比总量失衡深刻，我国经济社会发展与发达经济体的差距不仅体现在量的方面，特别是人均水平上，更主要的是体现在质的方面，即全要素生产率较低基础上的产业结构差异。新质生产力切中了发展的要害，正如习近平总书记所强调的，新质生产力"由技术革命性突破、生产要素创新性配置、产业深度转型升级而催生"。科技创新是发展新质生产力的核心要素，是培育发展新质生产力的新动能，新兴产业和结构升级是新质生产力的载体，科技创新切实体现为新质生产力，就必须将科技创新产业化，"改造提升传统产业，培育壮大新兴产业，布局建设未来产业，完善现代化产业体系。"正如2023年12月召开的中央经济工作会议所部署的，"要以科技创新推动产业创新，特别是以颠覆性技术和前沿技术催生新产业、新模式、新动能，发展新质生产力"。这次会议同时明确提出"广泛应用数智技术、绿色技术，加快传统产业转型升级""打造生物制造、商业航天、低空经济等若干战略性新兴产业，开辟量子、生命科学等未来产业新赛道"。尤其是在世界经济进入新旧动能转换期，物联网、大数据、云计算、人工智能等新技术新业态急速发展的背景下，以不断提升的算力为基础，推动传统产业和动能改造转换，培育战略性新兴产业和新动能，催生未来产业，日益成为竞争力发展力的根本。迫切需要在改造传统动能上以数字技术推进实体经济发展，尤其是推动制造业智能化，提升制造业的全要素生产率、产业链的水平和韧性，促进智慧农业创新发展；在发展战略性新兴产业上加快数字经济赋能、提升数字经济在战略性新兴产业中的渗透率；以数字化引领和推动未来产业的技术突破，在培育未来产业上找准未来的基础前沿和关键技术领域，把握未来科技演进和发展趋势，激活未来产业发展新势能，特别是要重视人们普遍关注的"健康、数智、绿色"三大方向。美、英、日等都在制定并发布新兴战略产业和未来产业规划，我国工信部、教育部、科技部等七部委联合发布的《关于推动未来产业创新发展的实施意见》将未来制造、未来信息、未来材料、未来能源、未来空间、未来健康六个领域作为新赛道和重要方向。

2. 推动新质生产力发展要遵循经济社会发展的科技创新规律

一是科技创新不能脱离经济社会发展所提供的可能性和所提出的要求。科技创新具有超前性、探索性和结果的不确定性等特点，但总体上必须立足经济社会发展实际和演进趋势。科技创新本身就是新质生产力及与之相适应的经济发展的内生因素，科学研究的偏好应当与社会经济发展中的"真问题"结合起来才有真正的价值。二是必须遵循科技是第一生产力，创新是第一动力，人才是第一资源的生产力发展内在逻辑。人力资本的积累和质态的上升是科技创新和运用的重要基础,科技创新推动新质生产力发展,人力资本的积累相对于经济发展必须具有超前性。这是经济社会发展的客观历史规律。在体制机制上需要"畅通教育、科技、人才的良性循环,完善人才培养、引进、使用、合理流动的工作机制。要根据科技发展新趋势,优化高等学校学科设置、人才培养模式,为发展新质生产力、推动高质量发展培养急需人才"。在发展战略上,需要"实现科教兴国战略、人才强国战略、创新驱动发展战略有效联动""坚持原始创新、集成创新、开放创新一体设计,实现有效贯通;坚持创新链、产业链、人才链一体部署,推动深度融合"。三是需要重视发展中大国的特殊性。一方面,大国经济结构的完整系统性与大国经济均衡的基本内向性,要求创新驱动具有全面性,不能存在严重受制于人的关键性短板。加快科技自立自强步伐,解决"卡脖子"问题,对于我国来说,无论是对结构升级、经济畅通,还是对高水平安全都具有生死攸关的意义。另一方面,新质生产力的先进性,要求以科技创新推动质量变革、动能变革、结构变革,不仅具有与自身相比的发展成长性,而且要求在高水平开放环境下,在激烈的国际竞争中与发达经济体相比具有竞争力,不仅在经济总量上增大对世界经济的影响力,而且在产业分工的全球格局中具有结构性制约力。因此,作为最大的发展中国家,以创新推动新质生产力发展既要"补短板",提升产业链韧性和安全性,守住大国经济健康发展的底线,又要"壮强项""在重要科技领域成为全球领跑者,在前沿交叉领域成为开拓者,力争尽早成为世界主要科学中心和创新高地"。

3. 推动新质生产力发展要遵循经济社会发展的结构演进规律

一是经济社会发展质态变革的实质在于产业结构的优化升级,经济社会发展的真正障碍和困难在于结构变革中的一系列矛盾。发达经济体与发展中经济体的差距不仅体现在经济量的水平上,更重要的是表现在国民经济结构上,这种结构性差异是量的水平差异的根本原因。发展中经济体经济社会发展不同阶段面临的主要矛盾在于经济结构性失衡和产业结构高度不够,无论是低收入阶段的"贫困陷阱"(马尔萨斯陷阱),还是解决温饱之后的"中等收入陷阱",本质上都是结构性矛盾作用的结果。而这种经济结构质态落后的直接动因又可以归结为创新力不足所导致的全要素生产率低下。全要素生产率低下带来的生存力、竞争力、发展力、持续力匮乏,不仅使经济增长严重失衡,难以实现健康安全可持续发展,而且被长期定义在全球产业链、价值链低端,进一步降低了经济的稳定性并加剧依附性。新质生产力的培育和发展必须紧紧围绕创新驱动促使生产要素禀赋变革、提高全要素生产率这一核心,紧紧抓住产业变革结构升级这一关键,否则便失去其应有的发展意义和先进性。

二是科技创新驱动的产业革命和产业结构演进总体上具有一定的客观历史逻辑性。在先行实现现代化发达经济体的经济发展史上,所谓第一、二、三产业的发展和结构升级在历史上是逐渐递进的,也就是说工业革命和工业化的深入是以农业发展达到相当水平为基础,以农业现代化为条件,而第三产业的发展又是以工业化发展到一定水平为基础的,即所谓"后工业化"特征的体现。在当代进入第四次产业革命时期,产业变革和结构升级仍然要遵循发展的内在逻辑,没有农业的现代化,尤其是乡村振兴,没有坚实的工业化,尤其是新型工业化,没有强大的实体产业,尤其是对传统产业的改造,也就不可能有真正智能化、数字化经济的发展基础和应用场景,新质生产力的发展应当避免产生"虚高度"。作为发展中国家要发挥"后发优势",不应一味"跟跑",而是应该吸取发达国家的历史经验及教训,特别是吸收科技创新成果,降低发展成本,实现重要领域的突破甚至"领跑",但一定要建立在牢固的发展基础之上,不能超越经济社会的可能和需要。主观地提升产业结构高度,唯心臆想的政策提升,只能加剧形成经济泡沫、创新泡沫,从而加大发展成本和风险,最终结果还是要被经济发展的客观历史强行纠正过来,但国民经济发展将会由此付出高昂的代价,错失真正的历史机遇,使现代化的目标实现进程严重迟滞,甚至中断。历史上我国"大跃进"大炼钢铁强行提升工业化就是深刻的教训,现阶段存在的脱实向虚的结构性矛盾更需纠正。当代许多发展中国家之所以形成巨大的发展泡沫,重要原因也在于脱离实际、脱离效率提升的根本,盲目推动产业变革和结构升级。事实上，在现阶段，结构演进重点在于协调好农业现代化、新型工业化、新型城镇化、信息化等方面的关系，处理好传统动能升级、战略性新兴产业发展、未来产业培育关系。

三是在战略性新兴产业和未来产业培育过程中，由于在"无人区"的科技创新具有更突出的不确定性，尤其是在当代世界科技、经济社会发展进入结构迭代、动能转换的深刻变革期，这种不确定性更为显著，使得我们在某些领域有可能率先实现赶超或突破。这是科技革命推动的产业革命进入急剧变革期的特点，同样具有客观规律性。新质生产力的先进性必须体现这一客观规律的要求，以一些关键领域的战略性新兴产业突破带动经济结构质态升级，以一些重要方面的未来产业的先行培育引领结构演进方向。事实上，发展中大国所具有的"后发优势"重点在于产业结构的演进，并不完全等同于发达国家历史上纵向逻辑迭代（串联式），在我国工业化目标达成、进入新型工业化阶段，农业现代化的深化以及信息化、数据化、智能化的推进，世界科技创新和产业演进的大趋势以及全球化的变化，在带来新的历史性挑战和选择困难的同时，也为我们创造了多种选择机遇（并联式）。我们需要切实把握住这种历史机遇，将产业结构升级经济社会质态演进的内在逻辑和新时代的历史机遇统一起来。

四是在我国这样一个超大经济体，其资源禀赋和经济社会文化发展水平及特点存在显著区域差异的条件下，发展新质生产力需要尊重生产力空间布局规律。一方面,在体制上我国自古以来就是集中统一但又郡县分设。中华人民共和国成立以来建立的经济体制与苏联计划经济体制重要的不同也在于"条块"分设,注意调动中央和地方两方面的积极性,虽然其中存在"条块"之争的矛盾,但总体来说更具活力。改革开放以来这一特点更为突出,新质生产力要落地,既要有国家战略性顶层规划,又要有地方具体贯彻实施,需要在利益机制和政策决策执行机制上保障两方面积极性,这是我国国情的客观要求。另一方面,在产业布局上,既要有全国一盘棋的统一系统性,又要尊重不同地区的资源禀赋和发展水平及历史文化的不同,新质生产力的空间布局需要体现主体功能区的差异,从而在资源配置上提升空间效率。这种空间效率是资源配置结构性效率的重要方面,也是全要素生产率的重要构成,尤其是要防止区域之间产业布局的结构性趋同。结构性趋同不仅会脱离区域实际,降低资源结构配置效率,而且会加剧宏观经济总量失衡。此外,需要关注增长极的培育及其对国民经济全局性、区域性拉动的极化效应,新的增长极培育需要同创新中心和高地建设统一起来,增长极的培育对于非均衡的发展中经济体实现超越尤为重要。

4. 推动新质生产力发展需要遵循社会主义市场经济运动规律

一是新质生产力发展要求在生产关系上深刻变革,尤其需要加快构建高水平社会主义市场经济体制,从而为新质生产力发展能够遵循经济发展客观规律创造体制条件。习近平总书记指出:"发展新质生产力,必须进一步全面深化改革,形成与之相适应的新型生产关系。"基本经济制度和经济体制本身也是作为自然形态和社会形态相统一的生产力的内在构成,其变化对于解放和发展社会生产力具有决定性意义。加快构建高水平社会主义市场经济体制,一方面,通过全面深化改革,"着力打通束缚新质生产力发展的堵点卡点,建立高标准市场体系,创新生产要素配置方式,让各类先进优质生产要素向发展新质生产力顺畅流动"。另一方面,"要健全要素参与收入分配机制,激发劳动、知识、技术、管理、资本和数据等生产要素活力,更好体现知识、技术、人才的市场价值,营造鼓励创新、宽容失败的良好氛围"。同时,要健全宏观经济治理体系,包括完善治理体制和政策机制等,尤其是在战略性新兴产业和未来产业的发展与培育过程中要充分发挥社会主义市场经济体制的优势,有效发挥国家总体战略规划引领和资源配置协调的功能,按照新质生产力发展的内在要求,在体制上协调好政府与市场、中央与地方、国家与企业和劳动者等各方面的关系,克服单纯依靠市场实现创新和结构升级的分散性、盲目性及不确定性等各种局限。

二是要遵循市场经济条件下的供求运动规律,新质生产力的培育和发展需要深化供给侧结构性改革,创新驱动要素禀赋和全要素生产率的变革,相应的产业变革和结构质态演进,实质上都是供给侧的深刻改变。因此,新质生产力的发展需要坚持以深化供给侧结构性改革为主线,但市场经济中的供求是矛盾运动的统一体,供给侧结构性改革不能脱离市场需求的牵引,否则新质生产力的发展就会产生盲目性和严重的行政性,就会脱离市场约束,进而缺乏竞争性和有效性。应当统筹扩大内需和深化供给侧结构性改革,以有效需求牵引供给,以高质量供给创造需求,在高水平的供求动态平衡中发展新质生产力。

(本文首发于《经济研究》2024年第3期,文章经作者授权编辑整理。)

推动新质生产力沿着正确方向发展

田 轩

(清华大学国家金融研究院院长、五道口金融学院副院长)

"加快形成新质生产力,增强发展新动能""新质生产力是创新起主导作用,摆脱传统经济增长方式、生产力发展路径,具有高科技、高效能、高质量特征,符合新发展理念的先进生产力质态""发展新质生产力不是忽视、放弃传统产业,要防止一哄而上、泡沫化,也不要搞一种模式""要牢牢把握高质量发展这个首要任务,因地制宜发展新质生产力"……从 2023 年在地方考察时提出,到 2024 年中央政治局集体学习和全国两会上的深入阐释,再到 2024 年 3 月前往湖南考察时的再次聚焦,习近平总书记对发展新质生产力提出了明确要求,层层深入,为高质量发展背景下新质生产力"怎么看""怎么办"提供了明晰的科学指引。

作为一个国家和地区综合生产力水平的体现,新质生产力的形成发展是一项系统性、整体性、全局性的大工程,也是复杂且长期的任务。全面准确理解把握发展新质生产力在

新质生产力之"新认识"

高质量发展中的作用和意义，需要发展地、辩证地认识、把握和落实新质生产力的内涵、形成机制和实现路径，探索科学可行、健康可持续的新质生产力发展之路。

向"新"而行：先立后破，不可颠倒。"不能把手里吃饭的家伙先扔了，结果新的吃饭家伙还没拿到手，这不行。"2022年3月，习近平总书记在参加十三届全国人大五次会议内蒙古代表团审议时，针对有的地方在"减碳"过程中出现的过激行为，用一个生动的比喻揭示了"立"与"破"的辩证统一关系。相较于"先破后立"，"先立后破"强调的是建立新机制在前、打破旧机制在后的先后顺序，前者为后者之基础，不可颠倒。

党中央的这一科学判断和部署，既是稳中求进工作总基调的题中应有之义，也是党中央对此前政策运行中的系统性偏差进行校准的务实部署。客观上看，在过去依靠资源投入的粗放式增长发展模式中，一些地方的确存在偏离经济发展规律的问题，脱离时、度、效的失速发展，使矛盾和风险在内外环境发生深刻变化的背景下加速暴露。因此，正确把握新质生产力的内涵、实践其实现路径，要充分总结过往经验，先建立新的体制机制，并通过新的体制机制的运行对旧的体制机制进行优化倒逼，直至最后完全取代，从而实现新旧体制机制的更新。

从产业视角看亦是如此。剖析我国拥有的超大规模市场优势，拥有全球最完整、规模最大的工业体系正是其核心支柱，且新旧产业之间、上下游产业之间的相互交织、镶嵌，形成了强大的横向赋能外部效应，铸就了我国产业链、供应链安全抵御外部风险的强大韧性。并且，我国国土面积广大，各地区风俗习惯不同，不同群体收入有较大差距，这些都决定了多代产品、多代技术并存于市场。新质生产力的根本内涵是科技创新，而科技创新恰恰是提升传统产业的重要途径。因此，发展新质生产力，绝不意味着要弱化传统产业对实体经济的支撑作用，更不意味着只靠新产业"唱独角戏"就能完成，而是要把实体经济放在现代化产业体系的大视角中进行全新布局谋划，提高全产业的全要素生产率。

没有落后的产业，只有落后的技术和产品。加速新质生产力的形成，绝不能喜新厌旧甚至是追新弃旧，而是要在新旧动能的互补中，实现高水平自立自强的奋斗目标。总结起来，新质生产力的形成，要基于我们庞大的产业生态优势，在产业间的不断连接、碰撞中，以"立"为重点，支持传统产业转型升级，同时完成新兴产业和未来产业的新动能打造，以"旧"产业的活力再造与"新"产业的潜能迸发，共同加速创新能量的释放。

追"新"而动：整体与局部，不可偏倚。2024年全国两会期间，在江苏代表团谈及新质生产力时，习近平总书记着重强调了四个字——"因地制宜"。"各地要坚持从实际出发，先立后破、因地制宜、分类指导"，总书记的这一表述，为我国新质生产力布局中的核心问题"发展什么""如何发展"提供了方法论的有力指引。我国幅员辽阔、人口众多，各地的资源禀赋、产业基础、人才结构和发展状况千差万别，显然不能简单套用单一发展模式，盲目追"新"会适得其反，甚至导致产业升级误入"击鼓传花"的误区。

用好用足不同地区各自的发展比较优势和自然资源禀赋，合理配置创新资源，实现不同功能、不同空间的优势互补，首先要在加强顶层设计上下功夫，通过进一步加强顶层设计统筹力度，有效实施新型举国体制，全国一盘棋，形成纵向由上而下与由下而上双向驱动的管理秩序，横向资源互补、协作共进的良好局面。通过在国家层面进行全局统筹性的任务分配和动态管理，依赖制度优势，各级部门进行上下联动，避免技术攻坚工作的低效与盲目，并在攻坚项目执行后形成有效的组织、机构载体传承体系，打造高质高效的技术创新网络。在金融服务上，以财政创新引导金融创新，进一步带动产业创新，有利于创新驱动产业发展。

其次，要处理好区域间的布局协同关系，通过剖析总结各地产业资源特点，明确其在新质生产力形成发展中的定位，防止对新质生产力的泛化和滥用，盲目将所有产业政策生搬硬套"披"上新质生产力的"外衣"，甚至在招商引资方面无序竞争，导致产业结构的无效重叠。如对于东部沿海等技术人才资源禀赋较好的地区，应以基础研发和核心技术支撑的新兴产业为发展重点，进一步提升从 0 到 1 的创新能力，并以新产业、新模式、新业态的区域一体化发展，辐射带动周边地区；东北地区可依托其特有工业基础，聚焦高新技术同传统制造业的结合，加快传统产业的创新升级；中西部城市和县域地区，则应基于其传统生产要素供给相对充足的特点，重点聚焦传统生产要素的重组，通过新模式、新业态的打造，实现生产方式和生产效率的迭代升级。

此外，还要处理好区域内科创要素和产业的协同关系。创新要素在基础研究环节形成之后，需要与产业发展功能融合统一，才能进一步放大科技创新效应，真正完成创新动能向实体经济的注入。2024年3月，习近平总书记在湖南考察时也强调："促进创新链产业链资金链人才链深度融合，推动科技成果加快转化为现实生产力。"在举国创新体制的指引下，近年来我国基础研发投入成效显著，2023年国家创新指数综合排名居世界第10位，较上期提升3位，是唯一进入前15位的发展中国家。但同时也要看到，大部分产业处于中低端、价值链优势不突出的地位，这仍是制约我国产业竞争力提升的核心问题，其背后的主要原因在于科技创新与产业创新衔接机制仍然存在堵点，如产学研之间的融通不畅，存在创新技术要素供给与需求脱节、合作模式单一、利益分配机制不完善等问题。基于此，未来应重点围绕创新主体激励、产学研一体化创新平台打造、大力发展市场化科技中介等方面下功夫，多措并举确保创新要素供给精准输入产业链的关键领域和重点方向。

谋"新"布局：政府与市场，不可越界。创新与监管,是一对永恒的矛盾,世界范围内的难题,尤其是在以科技创新为核心要素的新质生产力驱动发展背景下,对于技术驱动下形成的新模式、新业态,监管的有效性必须跟上发展的步伐。在构建现代化产业体系的时代背景下,监管"审慎"的核心要义在于既要管住"闲不住的手",又要提前谋划、及时治理。客观上看,在以"管"为主的思维导向下,过往对于创新的监管确实暴露出一些问题,如在对于支撑产业链创新的供应链金融发展过程中,由于监管不及时、监管政策执行不彻底等,导致了行业内生性问题放大引发风险外溢的问题。对此,对于未来必将层出不穷的各类创新监管,国家层面需要进一步进行统筹布局、完善监管框架,重点在交易链、资产链、行为链三个端口进行规范与约束。一方面要鼓励创新,另一方面要加强法治建设,制止盲目的资本活动,严防社会资源的滥用。如近年来,中央和地方对高科技企业的上市融资、财政补贴等方面的支持力度都持续加大。然而,高新技术企业资格认定造假、骗补等事件严重影响了行业的发展秩序。相关监管机构可以采用"黑名单"终身禁入制度、强化刑事处罚、严惩涉案公职人员等方式加大执法力度,防止社会资源流向伪高新企业。

同时,持续深化行政体制改革,进一步破除统一大市场间创新要素资源流动的行政壁垒,减少行政干预市场的行为,尤其是地方政府的过度介入和行政保护。可借鉴长三角区域一体化的经验,由政府部门领导牵头树立区域合作"标杆",形成示范带动效应。同时,给予地方适量放权,鼓励引导区域科技和商业创新。可借鉴浦东综合改革试点方案的创新性举措,建立负面清单制度,实现涉及国家安全、民生保障、社会稳定等关键领域的创新,由政府重点把关;负面清单之外的科技创新、市场创新和商业模式创新活动,需给予市场充分自由,政府则在政策、资本、人才等多方面给予支持。

此外,还要让"看得见的手"握好"看不见的手",完善市场机制,推动要素市场化配置,让市场在资源配置中起决定性作用。以资本市场为例,其作为市场配置资源的重要载体,肩负着服务科技创新的使命。长期以来,我国产业的融资模式以间接融资为主,导致风险集聚,企业创新能力受到抑制。相关研究表明,直接融资尤其是股权融资有利于技术创新,通过完善资本市场建设,提高直接融资占比,将有效提升技术创新的能力和水平。未来,我们应该在推进注册制和区域股权市场建设上持续努力,为不同科创主体多类型、多层次地提供更精准、更有力的融资服务支撑。

以"新"致远:发展和安全,不可顾此失彼。习近平总书记指出,要正确把握重大国家安全问题,加快推进国家安全体系和能力现代化,以新安全格局保障新发展格局。安全是发展的前提,发展是安全的保障,特别是在当今世界进入新的动荡变革期,产业链供应链不确定性风险涌动不止,唯有坚持发展和安全并重,才能实现生产力在稳固基本盘的基础上可持续向新而行。

从安全视角看,要打好防范重点领域风险的有准备之战:继续以"保量"和"稳价"为目标,毫不松懈守好粮食安全和能源安全的风险底线;支持各地从实际出发优化调整房地产政策,促进房地产行业平稳健康发展,妥善处理金融债务风险,守住不发生系统性金融风险的底线;做实做细安全监管执法,压实经营主体安全责任,保障人民群众生命财产安全。

从发展视角看,要坚持下好先手棋:围绕转危为机的战略主动权,紧紧牵住核心技术自主创新这个"牛鼻子",打好量子通信、核心芯片、操作系统等关键核心技术攻坚战,并围绕"自主可控和安全可靠"这一目标,打通创新链、产业链、价值链,强化产业链上下游衔接互动,将科技创新成果切实应用到具体产业和产业链上,在发展中筑牢产业链安全底盘。同时,要围绕总体国家安全观中"塑造"国家安全这一前瞻性目标,打造具有可持续性的生产力安全发展环境。坚定不移走生态优先、绿色发展之路,构建绿色低碳循环经济体系;畅通教育、科技、人才良性循环,激发劳动、知识、技术、管理、资本和数据等核心生产要素活力。坚持全面深化改革与高水平对外开放的动态平衡,在加快构建以国内大循环为主体、国内国际双循环相互促进新发展格局的同时,推动构建人类命运共同体,树立共同、综合、合作、可持续的全球安全观和发展观,打造可持续性的安全稳定的国内国际环境。

　　善弈者谋势，善谋者致远。新时代新征程，以系统思维聚合力、谋全局，以务实举措尽力而为、量力而行，脚踏实地、久久为功，新质生产力定能迸发出澎湃动力，为全面推进社会主义现代化国家建设提供更有力的支撑。

新质生产力之"新要素"

以积极财政政策大力发展新质生产力

刘 俏

(北京大学光华管理学院院长、金融学系教授)

新质生产力是由技术革命性突破、生产要素创新性配置、产业深度转型升级而催生的当代先进生产力,它以劳动者、劳动资料、劳动对象及其优化组合的质变为基本内涵,以全要素生产率提升为核心标志。

全要素生产率提升不仅是发展新质生产力的核心标志,也是推动高质量发展和推进中国式现代化的要求。回顾我国过去的发展历程可以发现,我国正经历从高速增长(资本和劳动力等要素驱动)向高质量发展(全要素生产率驱动)的发展模式转型。

虽然在工业化时期提升全要素生产率比较容易,但是工业化结束之后,保持比较高的全要素生产率增速就变得比较困难。2010年我国基本上完成了工业化进程,此后全要素生产率增速在一定程度上有所下降。数据显示,我国1980—1989年全要素生产率平均增速为3.9%,1990—1999年为

4.7%，2000—2009 年为 4.4%，2010—2019 年为 1.8%。近十年，我国的全要素生产率增速已经下降到 2% 以下，全要素生产率增速大概是 GDP 增速的 40%，因此可以对经济增速有个基本的估算。

2035 年要基本实现社会主义现代化远景目标，就要求 GDP 增速要保持在 5% 以上。在未来一段时间如何去提升全要素生产率增速，这不单是中国所面临的问题，也是全球性的挑战。这种情况下，需要全要素生产率增速有所提升，从 2% 以内上升到 2.5% 甚至更高一些，只有这样才能够支撑我们在未来 30 年有 5% 左右的（GDP）增速。

路径何在？从 1978—2017 年的数据分析看，投资率每增长 10 个百分点，全要素生产率增长 1.18 个百分点。因此，要聚焦节点行业和节点领域的投融资，发生在节点行业的技术变革和冲击通过生产网络传递，将产生倍数效应。

过去二十年在大基建周期内，基础设施建设、房地产行业拉动了大量的上下游企业，成为整个国民经济的节点行业。而未来的节点行业又有哪些呢？可以围绕以下领域寻找中国经济增长的新动能——"再工业化"（产业的数字化转型）、"新基建"（再工业化所需的基础设施）、大国工业（现代化产业体系）、碳中和，以及更彻底的改革开放带来的资源配置效率的提升。

全要素生产率增速来源于技术进步和资源配置效率提升，科技创新驱动的产业变革是提升全要素生产率的关键。

未来新质生产力、全要素生产率增长，要依赖于未来的节点行业以及掣肘生产率提升的关键领域。传统行业通过对生产资料、劳动者进行优化组合，提升其全要素生产率，也能形成新质生产力。

投资强度、投资率和全要素生产率增速之间有天然的正向关系，这启发了对未来宏观政策的一些新思考。传统的宏观政策以 GDP 为锚，但 GDP 是个流量概念，因此应将宏观政策锚定为我国的整体价值（CV）而非 GDP。这将为财政政策和货币政策的实施提供更为开阔的空间，也有利于新质生产力的形成和国家整体价值的提升。

近年来我国在改革发展的过程中，中央政府债务有一定的提升。很多观点认为宏观杠杆率只要上升就是坏事，但我们认为，只要政府债务与 GDP 的比率（即政府债务率）不爆炸式增长（explosive growth），政府债务即可持续。事实上，我国具备实施宽松财政政策的条件。

建议以积极的财政政策支持战略性新兴产业和关键领域投资，大力发展新质生产力。

第一，可以在国债方面有一些特别的规划，更大力度发行超长期限特别国债；第二，可以将大规模的现金和消费券发放作为财政政策重要选项，在货币政策传导一直不通畅的情况下，需要采用力度更大的财政政策直达消费端，给全民发放消费券或是现金；第三，可以大幅增加基础研究投入；第四，可以启动"住房公积金制度改革、租赁住房改革和

REITs建设"三位一体的新一轮改革，利用财政资金、社会资本，通过市场化机制，开启房地产新模式；第五，可以在一定范围内以国债置换地方政府债务，以此激活地方政府在经济增长中能够发挥的作用。

建立高标准市场体系
创新生产要素配置方式

盛朝迅

(中国宏观经济研究院战略政策室主任、研究员)

市场是资源配置的主要方式和场所,市场体系是社会主义市场经济体制的重要组成部分和有效运转基础。建设高标准市场体系,充分发挥我国市场的规模效应与集聚效应,促进创新要素有序流动和合理配置,是完善社会主义市场经济体制,推动经济高质量发展的重要途径。当前,我国正在大力培育和形成新质生产力,必须进一步全面深化改革,形成与之相适应的新型生产关系,着力打通束缚新质生产力发展的堵点卡点,建立高标准市场体系,创新生产要素配置方式,让各类先进优质生产要素向发展新质生产力顺畅流动。为此,需要建立并完善全国统一大市场建设的推进机制,促进市场规则、标准和制度的统一,加快建设统一开放、竞争有序、制度完备、治理完善的高标准市场体系,完善有利于新质生产力成长的市场规则体制。

一、深刻领悟建设高标准市场体系的重要意义

（一）培育形成新质生产力的重要抓手

新质生产力是由技术革命性突破、生产要素创新型配置、产业深度转型升级而催生的。未来的科技创新、产业创新，关键是要有要素资源支撑。其中，有三种要素组合方式的创新都能够催生新质生产力。一是原有要素的重新组合和创新性配置能够催生新质生产力。新质生产力在给定要素供给的基础上，依靠要素组织、技术等变革来不断提高要素组合效率，并以此提升产品或服务的产出增量。二是原有要素改造升级后和新的技术工具结合能够促进生产力效能的提升。比如，创新、开发、运用、改进和优化各种高新技术的新型劳动者与智能化、绿色化的先进生产设备、新型基础设施、现代化劳动工具等相结合，能够推动生产效率的明显进步。三是数据等新生产要素进入生产函数，能够深度赋能实体经济转型升级。大数据产业作为以数据生成、采集、存储、加工、分析、服务为主的战略性新兴产业，具有速度快、精度准、价值高等优势，能够激活数据要素潜能，推动生产力变革和创新，形成新质生产力。因此，推动形成新质生产力，必须创新生产要素配置方式，让各类先进优质生产要素向发展新质生产力顺畅流动。其中，既包括土地、资本、劳动力等传统要素创新配置方式，也包括人工智能、绿色能源、

数据、空天、深海、频率等新型要素形态。

必须深化对高端要素支撑新质生产力形成规律的认识，深化要素配置方式和体制机制改革，全面提高要素协同配置效率和配置能力，引导各类要素协同向先进生产力聚集。一是加快建立高标准市场体系，激发传统要素活力。打造市场化、法治化、国际化营商环境，实施建设高标准市场体系行动，健全要素参与收入分配机制，促进商品要素资源在更大区域范围内畅通流动。深化劳动力市场改革，引导劳动力要素合理畅通有序流动。探索"工业上楼"等土地立体开发模式，加快健全和完善多层次资本市场，大力发展创业投资、风险投资，全面优化支撑新质生产力发展的金融供给，充分激发土地、资本、劳动力等传统要素活力。坚持人才是第一资源，不断创新体制机制，让各类人才如雨后春笋般竞相成长。二是提升新型要素引领配置能力。深化对人工智能、绿色能源、数据、空天、深海、频率等新型要素形态确权、定价、交易、流通、使用规律的认识，加快相关新型要素流通和使用规则制定，大力培育发展数据要素市场，激发数据要素创造和流通。构建适应新质生产力发展的数据要素产权制度体系，积极推进新型要素交易所、期货市场和定价中心等平台载体建设，努力形成吸引高端要素资源的强大引力场，以要素的创新型配置助力新质生产力快速形成。

（二）加快构建新发展格局的关键举措

首先，市场规模的大小、市场范围和种类的完善程度决定了国内大循环的体量规模和纵深广阔程度。市场体系是在社会化大生产充分发展的基础上,由生活资料市场、生产资料市场、劳动力市场、金融市场、技术市场、信息市场、产权市场、房地产市场等各类市场组成的有机联系的整体。构建新发展格局必然要求建立和完善与之相适应的强大国内市场。强大国内市场的基础在"大",关键在"强"。不仅要有庞大的市场规模,而且要有良好的成长性和创新性、市场体系完备和门类齐全、发展潜力大、升级空间大等。为此,必须利用好大国经济纵深广阔的优势,把我国巨大的市场潜力转化为实际需求,努力形成供求相互促进、创新驱动强劲的内需市场,为更好地构建新发展格局奠定坚实强韧的市场基础。

其次,市场体系的循环畅通程度决定了国内大循环的效率。构建新发展格局的关键在于经济循环的畅通无阻,"循环"主要包括以下四个方面。一是国民经济循环,主要包括生产、分配、流通、消费等社会再生产各个环节的畅通。二是供给与需求端的适配和相互促进,具体表现为市场体系相当完善、市场运行效率高、交易成本低,产品和服务的供需匹配。三是要素自由流动和聚集,具体表现为实体经济和现代金融协调发展,科技创新、人力资源、数据要素和产业发展相协调,等等。四是国内地域空间循环,包括国内城乡和区域间的循环,形成优势互补、协调联动的城乡区域发展体系。需要指出的是,无论哪个层面的循环都不是静态的、封闭的或半封闭的循环，而是动态的、开放的、不断升级的循环，通过高标准市场体系的建设，有助于促进商品市场、要素市场、服务市场等多层次市场体系市场循环效率的提升，能够促进产业链供应链运转顺畅和我国经济与全球市场高效联通，是提升国内大循环效率、加快构建新发展格局的重要动力源泉。

最后，完善的市场制度为构建新发展格局奠定良好的制度基础。目前，我国在提升政府投资和公共支出效率、优化税收体系、构建完善现代市场体系、建设现代流通体系、服务业改革开放、维护市场安全和推进综合协同监管、促进产品业态和商业模式创新、优化新型流通软硬件环境等扩大内需的制度方面，还存在一些短板和体制机制障碍。建设高标准市场体系是一项基础性改革，能够有效破除妨碍生产要素市场化配置和商品服务流通的体制机制障碍，畅通市场循环，疏通政策堵点，打通流通大动脉，推进市场提质增效，充分发挥大国经济规模效应与集聚效应，贯通生产、分配、流通、消费各环节，促进国内供需有效对接，实现内部可循环，并提供强大的国内市场和供给能力，支撑并带动外循环，从而为构建新发展格局提供有力的制度支撑。

二、准确把握高标准市场体系建设的目标要求

基本建成统一开放、竞争有序、制度完备、治理完善的

高标准市场体系,这将进一步激发要素流动活力,为培育和形成新质生产力提供有力支撑。

(一)统一开放

统一开放是高标准市场体系的基本特征,主要指市场准入规则统一、畅通、开放。首先是开放行业准入,"法无禁止皆可为",实行准入前国民待遇加负面清单管理制度,凡是法律法规未明确禁入的行业和领域都应该鼓励民间资本进入,凡是我国政府已向外资开放或承诺开放的领域都应该向国内民间资本开放,赋予自由贸易试验区更大的改革自主权,推动"走出去"与"引进来"的互动融合。其次是打破行政性垄断和区域市场分割,提高市场准入程序的公开化和准入透明度,精简涉及民间投资管理的行政审批事项和涉企收费,规范中间环节、中介组织行为,废止妨碍公平竞争、设置行政壁垒、排斥外地产品和服务的各种分割市场的规定。三是拓展融资渠道,健全完善金融体系,为中小企业融资提供可靠、高效、便捷的服务,促进中小企业的市场准入畅通。

(二)竞争有序

公平竞争是高标准市场体系的本质要求,主要是消除不正当竞争的行为,理顺不同主体间的竞争与合作关系,比如实体经济与虚拟经济、国有企业与民营企业、传统产业与新兴产业等。使各类经济主体为了维护和扩大自身利益而采取的各种行为能够在产品质量、价格、服务、品种等方面创造优势，促进市场充分竞争，激发经济发展活力，实现产权有效激励、要素自由流动、价格反应灵活、竞争公平有序、企业优胜劣汰。同时，要完善行政执法、行业自律、舆论监督、群众参与等互相结合的市场监管体系，确保平等竞争和公平交易，保护生产经营者和消费者的合法权益，推动市场有序发展。

（三）制度完备

制度完备是高标准市场体系的坚实基础，主要指完善产权制度，健全公平竞争制度体系，优化要素市场运行机制，夯实支撑高标准市场体系的坚实基础制度，促进形成平等准入、公正监管、开放有序、诚信守法、高效规范、公平竞争的国内统一市场。在完善产权制度方面，重点是保障非公经济的财产权和知识产权，以制度保障激发创新创业创造创富的活力。在公平竞争方面，主要是实施统一的市场准入负面清单制度，放宽准入限制，健全公平竞争审查机制，加强反垄断和反不正当竞争执法司法，提升市场综合监管能力，健全产权执法司法保护制度，等等。在优化要素市场运行制度方面，主要是深化土地管理制度改革，推进土地、劳动力、资本、技术、数据等要素市场化改革，健全要素市场运行机制，完善要素交易规则和服务体系等。

（四）治理完善

治理完善是高标准市场体系的重要目标，在制度完备的框架下形成有效的政府治理模式。推进政府治理理念重构、治理结构优化、治理机制再造和治理工具创新，促进有为政府和有效市场的更好结合，使商品市场体系建设、要素和服务市场体系建设、要素市场化配置的体制机制等能够完全适应市场化、全球化、信息化、法治化发展的新要求；使得各类市场主体的活力迸发，新技术新应用新业态层出不穷，商品和服务高效流转，经济运行质量和效率明显提升，有效促进高质量发展和以国内大循环为主体、国内国际双循环相互促进的新发展格局构建。

三、积极探索推进高标准市场体系建设的主要路径

改革开放特别是党的十八大以来，我国市场体系建设取得重大进展，对完善社会主义市场经济体制发挥了基础、支撑和引领作用。未来一个时期，加快推进高标准市场体系建设，要以新发展理念为指引，按照现代化经济体系建设和新质生产力培育的任务要求，加快完善高标准的市场体系基础制度、高标准的要素市场体系、高标准的市场环境和质量、高标准的市场基础设施、高标准的市场开放、高标准的现代市场监管机制，找准实现路径，明确重要抓手，充分激发各类要素活力，更好地助力新质生产力培育。

（一）完善高标准的市场体系基础制度

高标准的制度体系是市场体系有效运行的基础。要重点

完善产权制度、市场准入负面清单制度、公平竞争制度等基础制度。其中，完善的产权制度、严格的产权保护是重中之重，也是激发各类市场主体活力的源泉。要依法、平等、全面保护各类所有制企业产权，激发各类生产经营主体活力、促进创新创业创造。强化对侵权行为的惩罚和震慑，最大限度降低和减少侵权行为，降低全社会交易成本。全面落实"全国一张清单"管理模式，加大力度破除各种市场准入隐形壁垒，加快形成全国统一大市场，发挥超大规模市场优势。公平竞争是市场运行有效的基本条件，要全面完善公平竞争制度，持续清理废除妨碍统一市场和公平竞争的各种规定和做法，增强公平竞争审查的刚性约束，促进生产经营主体充分竞争、优胜劣汰，实现资源优化配置。

（二）构建高标准的要素市场体系

要素市场是市场体系的重要组成部分，要素高效配置是建设高标准市场体系的题中应有之义。与商品和服务市场相比，我国无论是土地、劳动力、资本等传统生产要素，还是知识、技术和数据等新生产要素都存在市场发育不足的问题，比如市场决定要素配置范围有限、要素流动存在体制机制障碍、要素价格形成机制不健全，特别是新型要素快速发展但相关市场规则建设滞后等，成为高标准市场体系的短板。为此，要重点加大科技、金融、人才、数据等要素市场体系建设，提高要素质量、配置效率和对新质生产力形成的支撑作用。

一是培育发展数据要素市场，构建适应新质生产力发展的数据要素产权制度体系。从法律层面明确界定数据要素产权，尽快设立全国性数据确权登记平台，明确数据产权界定的实施办法，保障数据在收集、使用、交易的每一个环节都有清晰的产权流转"足迹"。制定数据要素的价值评价体系，明确数据要素可信度、共享性和实用性等方面的指标，便于精准开展数据要素评估和交易。加快完善数据要素市场，促进数据要素创造和流通。

二是强化金融"供血"功能，全面优化支撑新质生产力发展的金融供给。加快健全和完善多层次资本市场，提供覆盖企业全生命周期的金融服务。进一步壮大风险投资市场，提升创业风险投资规模，激励一批革命性、颠覆性技术领域初创企业发展壮大。发挥全面注册制透明度优势，畅通科创企业退出机制，鼓励金融机构加大对科创企业的权益投资。鼓励银行创新"贷款+直投"业务，以债权投资和股权投资联动方式深度参与科技企业发展。探索银行机构与保险机构、担保机构合作新模式，提升政策性融资担保基金对企业科创贷款的担保力度，加快再担保制度建设，为企业研发、生产和销售等环节提供全方位金融服务。

三是深化土地要素市场化改革，围绕提高土地要素配置效率、促进土地要素自主有序流动、有效保障土地要素财产权益、激发土地市场活力、推动高质量发展五大目标，深化城乡统一建设用地市场、匹配产业用地供需、盘活存量建设用地、支撑发展农用地市场和落实配套机制五大改革任务。

四是深化劳动力市场改革，引导劳动力要素合理畅通、有序流动。畅通落户渠道，探索推动在长三角、珠三角等城市群率先实现户籍准入年限同城化累计互认，放开放宽除个别超大城市外的落户限制，试行以经常居住地登记户口制度。畅通职称评审渠道，推进社会化职称评审。畅通海外科学家来华工作通道，加大人才引进力度。

五是完善技术要素市场化改革，着力激发技术供给活力。激活产权激励，开展赋予科研人员职务科技成果所有权或长期使用权试点，并行推进职务成果"三权"改革和所有权改革试点。激活中介服务活力，建立国家技术转移人才培养体系。

（三）提升高标准的市场环境和质量

市场环境和质量是衡量高标准市场体系的重要依据，也是建设高标准市场体系的重要任务。要进一步完善质量激励政策，优化企业标准"领跑者"制度，全面提升产品和服务质量，使产品和服务质量安全可靠，消费者可以自由选择、放心消费。探索建立消费者集体诉讼制度，简化消费争议处理程序，加强消费者权益保护，严厉打击各种坑蒙拐骗行为，大幅降低消费者权益受侵害后的维权难度和维权成本。建设高标准的市场环境，进一步提高产品和服务质量，使各类市场主体获得感和满意度明显增强。

（四）建设高标准的市场基础设施

高标准市场基础设施升级，既是扩大内需、建设强大国内市场的重要抓手，又是我国提升竞争力和规则影响力的重要举措。要强化市场基础设施建设，持续完善综合立体交通网络。加强新一代信息技术在铁路、公路、水运、民航、邮政等领域的应用，支持公共性快递分拣处理中心、智能投递设施等建设。推动市场基础设施互联互通，建设高效联通的物流、资金流、信息流通道。实施智能市场发展示范工程，加大人工智能、云计算、区块链、智能计算中心等新型基础设施建设力度，积极发展智慧商店、智慧街区、智慧商圈、智慧社区，建设一批智能消费综合体验馆。实施教育、医疗、快递物流等网络基础设施改造提升工程，推动互联网医疗、在线教育、第三方物流、即时递送、在线办公、网上办事等新型服务平台创新发展，增强国际竞争力。进一步健全交易机制、完善交易规则、严格监管标准，培育发展一批能源商品交易平台和区域性能源资源交易中心。

（五）推进高标准的市场开放

我国经济已深度融入世界经济体系，充分利用国内国际两个市场两种资源，必然要求高标准的市场开放。高标准的市场开放不仅体现在国内外开放领域的持续扩大，更体现在开放深度的持续拓展上。要坚定不移扩大对外开放，放宽医疗、教育、体育、托幼、环保、市政等领域的市场准入限制，支持社会资本依法进入银行、证券、资产管理、债券市场等金融服务业，允许在境内设立外资控股的合资银行、证券公司及外商独资或合资的资产管理公司，打造市场化、法治化、国际化营商环境，提高外商投资服务水平，营造内外资企业一视同仁、公平竞争的市场氛围。推动规则、管理、标准等制度型开放，促进消费品国内外标准接轨，实现市场交易规则、交易方式、标准体系的国内外融通。

（六）优化高标准的现代市场监管机制

加强和完善市场监管是维护公平竞争市场秩序、保护消费者权益的重要保障。要提高市场规制能力，加强政府部门间涉企信息统一归集共享，健全对新业态的包容审慎监管制度，大力推进综合协同监管，完善"双随机、一公开"监管、信用监管、"互联网+监管"、跨部门协同监管等方式，加强各类监管机构的衔接配合，充分利用大数据等技术手段加快推进智慧监管。要加强对监管机构的监管，加快构建现代化市场监管体系，打造良好的市场监管环境，维护市场安全和稳定，提高市场监管的科学性和有效性。

新质生产力之"新产业"

以科技创新引领现代化产业体系建设

刘元春

（上海财经大学校长）

"以科技创新引领现代化产业体系建设"是把握新一轮科技革命和产业变革机遇的战略选择，也是推动我国在未来发展和国际竞争中赢得战略主动的必然之举。我们要聚焦经济建设这一中心工作和高质量发展这一首要任务，促进科技创新与实体经济深度融合，加快发展新质生产力，推进产业智能化、绿色化、融合化，为加快构建新发展格局奠定坚实基础，不断增强发展的安全性和主动权。

一、以科技创新为支撑，加快形成和发展新质生产力

生产力发展是人类社会进步的根本动力，也是实现宏观经济长期稳定发展的根本力量。2023年底召开的中央经济工作会议提出："要以科技创新推动产业创新，特别是以颠覆性技术和前沿技术催生新产业、新模式、新动能，发展新质生产力。"这是对马克思主义生产力理论的创新和发展，为我们

在实践中建设现代化产业体系提供了根本遵循。形成和发展新质生产力，关键在于以科技创新为核心驱动力，以劳动者、劳动资料、劳动对象及其优化组合的跃升，催生新产业、新业态、新模式，不断塑造发展新动能新优势。

坚持科技是第一生产力，抓好科技创新成果转化。科技自立自强是国家强盛之基、安全之要，也是形成和发展新质生产力的题中应有之义。但也要看到，我国在工业"四基"，即关键基础材料、核心基础零部件（元器件）、先进基础工艺、产业技术基础方面同发达国家相比仍有差距。因此要立足当前，重视科技创新成果转化，补齐工业"四基"的技术短板，筑牢基础设施建设、移动支付、数字经济等领域的技术长板，重视以人工智能为代表的通用技术发展，为营造良好创新生态、实现关键核心技术自主可控提供可行方案。同时要着眼长远，重视应用技术的研究探索，加强应用基础研究和前沿研究的前瞻性、战略性、系统性布局，把握世界科技发展大趋势、下好布局未来产业前瞻研发"先手棋"。

坚持人才是第一资源，打造新型劳动者队伍。当今世界，综合国力竞争归根到底是人才的竞争、劳动者素质的竞争。形成和发展新质生产力，需要打造一支新型劳动者队伍，包括能够创造新质生产力的战略人才和能够熟练掌握新质生产资料的应用型人才。要根据科技发展新趋势，优化高等学校学科设置、人才培养模式，为发展新质生产力、推动高质量发展培养急需人才。健全人才评价激励制度，打造有利于新型劳动者成长发展的良好环境。加快建设知识型、技能型、创新型劳动者大军，为新产业、新业态、新模式的形成与发展提供有力支撑。

坚持创新是第一动力，激发产业转型升级的发展潜能。创新在我国现代化建设全局中居于核心地位。只有推动以科技创新为核心的全面创新，才能更好把握发展的时与势，在形成和发展新质生产力的过程中实现"以进促稳"。要坚持以科技创新成果的产业化为导向，支持培育有助于我国重塑国际合作和竞争新优势、提升在全球产业链中地位的重点产业板块，构建一批各具特色、优势互补、结构合理的战略性新兴产业增长引擎，打造生物制造、商业航天、低空经济等若干战略性新兴产业。提前布局量子、生命科学等未来产业，为支撑经济中长期增长开辟新领域新赛道。同时，依托我国强大生产能力的优势，推动传统产业转型升级、集群式发展，以高质量供给创造有效需求。

二、以新质生产力推进产业智能化、绿色化、融合化

新质生产力是由技术革命性突破、生产要素创新性配置、产业深度转型升级而催生的先进生产力，是推动构建现代化产业体系的关键力量。新时代，我国陆续出台一系列发展规划，推动新型工业化发展，培育壮大战略性新兴产业，推动一些关键核心技术实现突破，一些领域正在由跟跑变为并跑，甚至领跑，数智技术、绿色技术等先进适用技术成为我

国主动适应和引领新一轮科技革命和产业变革的重要力量。面对新的形势和任务，必须坚持智能制造这一制造强国建设的主攻方向，加快推进产业智能化、绿色化、融合化，建设具有完整性、先进性、安全性的现代化产业体系，不断夯实新发展格局的产业基础，为全面建设社会主义现代化国家提供有力支撑。

推进数智技术与实体经济深度融合，抢占全球产业体系智能化制高点。这是把握人工智能等新科技革命浪潮、加快建设以实体经济为支撑的现代化产业体系的必然要求。数智技术不仅包括以数据要素为核心的数字技术，而且包括与实体经济发展相关的一系列智能技术。要以数字技术进一步推动各类生产要素有机组合，以智能技术持续提高全要素生产率和经济潜在增长率，在激发各类生产要素活力、企业降本增效、产业链资源整合集成、产业结构优化升级等方面发挥更大作用，着力破解我国在推动高质量发展过程中供求结构不匹配的问题，推动经济发展实现质量变革、效率变革、动力变革。

推进绿色技术与工业化深度融合，形成产业体系绿色化的发展模式。绿色发展是高质量发展的底色。要积极稳妥推动工业绿色低碳发展，深入落实工业领域碳达峰实施方案，推进能源绿色化、资源集约化利用，完善能源消耗总量和强度调控，逐步建立碳排放总量和强度双控制度，积极培育绿色增长新动能，以更小的生产成本实现更大的经济社会发展效益。

推进产业深度融合,实现产业体系融合化的发展格局。融合化是提升产业体系整体效能的必然要求。推动三次产业之间、大中小企业之间、上中下游企业之间高度协同耦合,有利于推动实现产业发展供求高水平动态平衡、产业链向高端化跃升、产业经济循环畅通,形成良好产业生态,更好释放产业网络的综合效益。要大力推进战略性新兴产业融合集群发展,在深度融合中实现创新资源整合集聚、技术力量发展壮大,形成分工细化和协同合作的产业发展格局。积极推动现代服务业同先进制造业深度融合,以全生命周期管理、供应链管理、系统化的管理流程再造,不断强化生产性服务业在发展和壮大实体经济中的重要作用,推动我国制造业发展向价值链高端延伸。

三、为建设现代化产业体系提供有力保障

构建现代化产业体系,不仅要坚持走中国特色新型工业化道路、加快形成和发展新质生产力,而且要推动形成与之相适应的生产关系。加快完善新型举国体制,发挥好政府的战略导向作用,让企业真正成为创新主体,让人才、资金等各类创新要素向企业聚集,能够有效解决建设现代化产业体系过程中遇到的各种矛盾和问题,为我国统筹高质量发展和高水平安全、实现经济发展行稳致远提供有力保障。

加强关键核心技术攻关和战略性资源支撑。构建现代化

产业体系，关键在于推动创新体系和产业体系更好融合。在科技创新方面，要统筹推进科技、教育、人才工作，以重大目标任务和发展规划为导向，构建"政产学研用"深度融合的整体性研发框架，优化包括国家科研机构、高水平研究型大学、科技领军企业等在内的国家战略科技力量的创新资源配置，实现原始创新、集成创新、开放创新的一体设计、有效贯通，更好催生科技新潜力、找准教育着力点、培养人才生力军。在产业发展方面，要加快形成"科技—产业—金融"的良性循环，鼓励发展创业投资、股权投资，推动科技创新成果转化和产业化发展，更好实现金融链与创新链、产业链的精准对接。

着力推动国民经济循环畅通。统筹发挥国内大循环的主体作用和国内国际双循环的相互促进作用，是充分发挥各类生产要素作用的重要条件，也是促进战略性新兴产业和未来产业发展的重要支撑。要加快推进全国统一大市场建设，充分发挥超大规模市场和强大生产能力的优势，集聚资源、释放内需、推动增长、激励创新，加快培育"链主"企业和关键节点控制企业，在推动我国实现更高水平供求动态平衡的同时，形成自主可控的核心技术掌控能力。持续深化高水平对外开放，扩大国际经贸合作范围、促进国际产能合作、引进国际先进技术，在不断提升国际循环质量和水平的同时，构筑与高水平对外开放相匹配的监管和风险防控体系，以新安全格局保障新发展格局。

切实加强质量支撑和标准引领。加强计量、标准、检验检测、认证认可等方面的建设，对于形成合理创新收益、完善科技激励具有重要作用。要充分认识质量支撑和标准引领对于产业良性发展的重要作用，大力发展新兴产业和生产性服务业的团体标准，形成延伸产业链、提升价值链、完善供应链的制度功能，增加中高端产品和服务供给，提升产业体系的完整性、先进性和安全性。要围绕我国具有技术主导优势的重要产业、重点产品和服务，促进同"一带一路"共建国家和地区、主要贸易国家和地区的质量国际合作，推动质量基础设施互联互通和共建共享，从先进标准"引进来"迈向中国标准"走出去"，提升"中国制造"的产业集中度和市场美誉度，巩固提升我国在全球产业链、供应链、创新链中的地位。

（本文首发于2024年2月21日《人民日报》理论版，文章经作者授权编辑整理。）

构建现代化产业体系
加快发展新质生产力

盛 斌

（南开大学党委常委、副校长）

习近平总书记在 2024 年 1 月的中央政治局第十一次集体学习时强调"发展新质生产力是推动高质量发展的内在要求和重要着力点"。现代化产业体系是新质生产力的重要载体和主阵地，发展新质生产力与构建现代化产业体系是"一体两翼"，相互需要，互为促进。发展新质生产力是一个跨越式的系统性实践进程，要将新质生产力要素与科技创新成果应用到具体产业和产业链上，改造提升传统产业，培育壮大新兴产业，布局建设未来产业，形成现代化产业体系。

一、深刻认识新质生产力概念的时代性与创新性

习近平总书记在中共中央政治局第十一次集体学习时指出："新质生产力是创新起主导作用，摆脱传统经济增长方

式、生产力发展路径，具有高科技、高效能、高质量特征，符合新发展理念的先进生产力质态。"这一重要论述，深刻揭示了新质生产力的本质、特征和意义，为推动新时代高质量发展指明了方向。新质生产力概念的提出在经济学理论上有其历史溯源。马克思认为，生产力是生产能力及其要素的发展，他强调劳动资料和劳动对象只有与劳动者的活动相结合才能转变为现实的生产力。他十分重视科学的发展在生产中的应用，还论述了决定生产力发展的其他新要素，如管理、分工协作、自然力等。生产力的发展状况标志着人类社会发展水平以及人类改造和利用自然的广度和深度。

新质生产力以全要素生产率大幅提升为核心标志。20世纪50年代，美国经济学家索洛提出"全要素生产率"的概念，用于解释经济增长中未能由资本、劳动、土地等生产要素贡献的部分，并认为全要素生产率的提升主要依靠技术进步，包括使用新技术、引入新生产要素、资源重新配置等。把全要素生产率大幅提升视为新质生产力的核心标志，就是要摆脱通过劳动力、资源和资本的大规模投入来换取经济增长的传统粗放型发展方式，转向通过生产效率提高和资源要素配置优化实现经济高质量发展。

当前，在第四次工业革命方兴未艾、国家之间创新竞争加剧、实现高质量发展必须摆脱传统经济增长方式的大背景下，习近平总书记围绕新质生产力作出的一系列重要论述，既是习近平经济思想的重要组成部分，也是中国实现高质量发展的关键核心。

新质生产力概念的时代性与创新性主要体现在以下几点。

第一,新质生产力的本质与特点是创新。历次工业革命都起源于颠覆性的科技革新,都带来了社会生产力的大解放和生活水平的大跃升。当前,新一轮科技革命和产业变革蓄势待发,一些重大颠覆性技术创新正在创造新产业新业态,信息技术、生物技术、制造技术、新材料技术、新能源技术几乎渗透到所有领域。在此背景下,创新内涵更加宽泛丰富,包括技术的革命性突破(如人工智能)、生产要素的新衍生与创新性配置(如数据要素)、产业深度转型升级(如新能源汽车、3D打印)、管理与商业模式创新(如平台经济、共享经济)等。

第二,新质生产力的产业系统以战略性新兴产业和未来产业为基本载体。习近平总书记在黑龙江考察时指出:"整合科技创新资源,引领发展战略性新兴产业和未来产业,加快形成新质生产力。"新质生产力以现代化产业体系为基础,主要包括战略性新兴产业和未来产业。战略性新兴产业是以重大前沿技术突破和重大发展需求为基础,对经济社会全局和长远发展具有重大引领带动作用的产业,包括新一代信息技术、新能源、新材料、高端装备、新能源汽车、绿色环保、民用航空、船舶与海洋工程装备等领域。加快培育和发展战略性新兴产业是促进产业升级和经济可持续发展的关键性举措,有助于形成更多新的经济增长点和增长极。未来产业是由前沿技术驱动，当前仍处于孕育萌发阶段或者是产业化的初期，具有显著的战略性、引领性、颠覆性和不确定性的前瞻性新兴产业，包括元宇宙、脑机接口、量子信息、人形机器人、生成式人工智能、生物制造、未来显示、未来网络、新型储能等。加快培育和发展未来产业就是抓住引领世界未来发展的主导力量，不仅能有效推动我国转变传统发展方式、加快构建新发展格局，还将极大助力我国在百年变局加速演进中占先机、争一流，赢得新一轮发展的主动权。

第三，在新质生产力的框架下，作为其构成要素的劳动者、劳动资料、劳动对象必然也有新的内涵。劳动者不再局限于传统意义上以简单重复为主的体力劳动，而是转变为以知识和技能为核心，具有更丰富知识、更高技能的高素质劳动力。同时，劳动资料也经历了从传统工具到智能化、自动化装备的转变，新一代信息技术、先进制造技术、新材料技术等的融合应用，孕育出了更智能、更高效、更低碳、更安全的新型生产工具。此外，伴随劳动资料的革新升级和广泛应用，新质生产力的劳动对象不仅扩展到新材料、新能源等新物质形态，而且还包括数据等不受空间和时间限制的非物质形态。

二、发展新质生产力的关键是构建现代化产业体系

新质生产力的特点是创新，本质是先进生产力，最终要落到产业与技术上，因此，发展新质生产力的关键是构建现

代化产业体系。

第一,发展新质生产力要打造新产业。要以科技创新推动产业创新,特别是以颠覆性技术和前沿技术催生新产业、新模式、新动能,发展新质生产力。具体来说,新质生产力覆盖三个方向,即产业链供应链优化升级、战略性新兴产业和未来产业、数字经济发展。2023年5月,二十届中央财经委员会第一次会议提出"推进产业智能化、绿色化、融合化,建设具有完整性、先进性、安全性的现代化产业体系",这明确了现代化产业体系的基本特征和要求。

第二,发展新质生产力要兼顾传统产业的转型升级。习近平总书记指出,"发展新质生产力不是要忽视、放弃传统产业"。传统产业转型升级是构建现代化产业体系的重要内容,是保障产业链供应链安全、增强经济发展韧性的重要依靠,还是丰富新质生产力应用场景的重要路径。新质生产力不能只应用于战略性新兴产业、高科技产业、数字产业等,还要以新质生产力要素为引擎赋能传统产业,用新质生产力改造提升传统产业,促进产业高端化、智能化、绿色化;通过大数据、人工智能等技术大幅度降低传统产业生产与管理的成本,提高生产率、附加值率与利润率;不断拓展与创新新技术的广泛应用场景,例如电商平台、工业互联网、绿色能源、数字物流、智慧农业、共享经济等。此外,传统生产力要素与新质生产力要素的结合方式也要从叠加关系转向乘数关系，形成以传统要素为基础、以新质要素为引擎的多元结构化组合，使传统要素、传统产业、传统生产力产生效能倍增效应。

第三，发展新质生产力要坚持从实际出发，因地制宜。习近平总书记强调，"要牢牢把握高质量发展这个首要任务，因地制宜发展新质生产力。"发展新质生产力要依据本地的资源禀赋、产业基础、科研条件、应用场景等，有选择地推动新产业、新模式、新动能的发展，从而形成各自的比较优势、竞争优势与分工特色，避免重复建设、恶性竞争与同质化发展。例如，教育、人力与科研基础强的地区聚焦原创性技术和颠覆性技术的研发与创新，超前部署一批能够推动经济社会发展的颠覆性技术与创新平台，打造若干全球领先的创新策源地，形成新产业与新业态；生产制造基础强的地区注重发展全面自动化、智能化，打造全球和中国制造业中的"灯塔工厂"。再比如，在发展数字技术与产业中，各地区可因地制宜，重点发展新一代信息技术硬件产品研发与制造、电商与物流中心、类似 ChatGPT 和 Sora 人工智能大模型、算法技术、算力平台等，形成差异化与特色化发展道路。

三、大力推进现代化产业体系建设，加快发展新质生产力

加快发展新质生产力，必须抓住科技创新这个核心要素，全面推动产业转型升级。应从积极培育新兴产业和未来

产业、推动传统产业转型升级、增强产业链供应链韧性和竞争力、夯实发展新质生产力的坚实保障等角度着手,加快构建现代化产业体系,促进新质生产力发展。

一是积极培育新兴产业和未来产业。培育智能网联、新能源汽车、氢能、新材料、创新药、生物制造、商业航天、低空经济、量子技术、生命科学等产业,拓展应用场景,促进产业融合集群发展。深入推进数字经济创新发展,壮大大数据、人工智能、"人工智能+"、工业互联网、智慧城市、数字乡村、平台企业、数据开发开放和流通使用、算力等产业。布局未来产业,制定发展规划,前瞻布局新领域新赛道,例如氢能、储能、智能驾驶都将是"新万亿级赛道",需要超前谋划。同时,因地制宜加强统筹布局和投资引导,避免同质化无序竞争和低水平重复建设。

二是推动传统产业转型升级。顺应新一轮科技革命和产业变革趋势,加快人工智能、大数据、云计算、5G、物联网等信息技术与传统产业的深度融合,加速从产品研发、生产制造到管理和市场营销的产业全链条、生产全过程、管理全方位数智化改造,创新传统产业生产、营销和组织方式。增加高端产品供给,加快产品迭代升级,不断提升产品质量。加快品牌建设,打造一批具有全球影响力的"中国制造"高端品牌。扎实推进能源绿色低碳转型,加快推动钢铁、化工、建材等传统产业的清洁能源利用和先进技术升级改造,促进传统产业绿色化、低碳化和高端化发展,推动传统产业实现

"化蛹成蝶"的"蜕变",释放新质生产力的长尾效应。

三是增强产业链供应链韧性和竞争力。围绕重点产业链,聚焦国家战略和经济社会发展现实需要,找准关键核心技术和零部件薄弱环节,以关键共性技术、前沿引领技术、现代工程技术、颠覆性技术创新为突破口,集中优质资源合力打好关键核心技术攻坚战,加快解决"卡脖子"问题。积极抢占科技竞争和未来发展制高点,努力构筑自主可控、安全可靠、富有韧性的产业链供应链。巩固提升优势产业链供应链,建设具有全球影响力的产业基地,加快培育世界级高端产业集群,促进我国产业向全球价值链中高端迈进。

四是夯实发展新质生产力的坚实保障。以满足新质生产力对高端人才的需求为导向,优化高等学校学科设置,加强职业技术教育和培训,创新人才培养模式,提升人才的创新能力和适应能力,着重引进关键领域"高精尖缺"人才,打造"卓越工程师"团队。强化金融助力培育新质生产力,加大银行对高科技企业的贷款授信以及供应链金融与科技金融产品创新,发展以政府产业投资基金为牵引,汇聚风险投资、私募投资、股权投资机构的基金群。大力弘扬优秀企业家精神,营造鼓励大胆创新、诚信经营、勇于奋进的良好氛围,激发创新创业活力。在发展新质生产力的同时,还要发展新型生产关系,深化教育体制、科技体制、人才体制等方面的改革,推进治理能力建设,完善产权保护、市场准入、公平竞争、社会信用等市场经济基础制度,构建市场化、法治化和国际化的营商环境,提升政府公共服务的能力与水平,为现代化产业体系的高效运转奠定坚实的治理基础。

新质生产力之"新动能"

发挥基础研究在实现科技自立自强中的重大作用

陈　劲

（清华大学经济管理学院教授）

加强基础研究，是实现高水平科技自立自强的迫切要求，是建设世界科技强国的必由之路，更是破解关键核心技术"卡脖子"问题、形成未来技术和未来产业的根本保障。

多年来，科技创新作为我们党治国理政的核心内容，与面向世界科技前沿、面向经济主战场、面向国家重大需求、面向人民生命健康紧密结合，形成了丰富的科技思想成就和科技创新成果。党的十八大以来，面对深刻复杂的世界"百年未有之大变局"，面向"建设世界科技强国"的战略目标和全面建设社会主义现代化国家的重要使命，在以习近平同志为核心的党中央的正确领导下，我们深入实施《国家创新驱动发展战略纲要》、陆续出台"十四五"和中长期科技创新发展规划，为我国站在第二个一百年的历史新起点上进一步推动实现高水平科技自立自强和科技强国建设提供根本遵循和行动指南，确保我国在全面建设社会主义现代化国家、加快实现中华民族伟大复兴的历史进程上行稳致远。党的二十大报告突出强调"加强基础研究，突出原创，鼓励自由探索"。切实提升原始创新能力被摆在更加突出的位置，我国成功组织了一批重大基础研究任务、建成了一批重大科技基础设施，基础前沿方向重大原创成果持续涌现。2023年2月，习近平总书记在中共中央政治局第三次集体学习时强调，要强化基础研究前瞻性、战略性、系统性布局。基础研究功在当代、利在千秋。我国只有切实提高基础研究能力和水平，才能大幅度提高科技创新水平，加快科技大国向科技强国跃进的步伐，从根本上发挥基础研究在科技、经济、社会领域的应有贡献。

一、切实加大我国对基础研究的投入

美国在基础研究领域投入巨额资金，并不断加大投入力度以稳固美国在基础研究方面世界第一的优势，美国的《确保美国科学技术全球领先法案（2021年）》和《NSF未来法案》均提出增加联邦机构的基础研究投入且力度较大。《确保美国科学技术全球领先法案（2021年）》优先将联邦基础研究资助机构的经费在10年内翻一番，《NSF未来法案》拟5年内将NSF经费增长59.8%。2022年，仅美国国家科学基金会基础研究经费预算就高达92.9亿美元（将近6605亿元人民币），2031财年NSF的授权经费更将增至162.5亿美元，增长74.9%。再加上美国卫生部、能源部、国防部等其他机构，美国政府2022年基础研究预算高达1110亿美元（约7892亿元人民币）。相比之下，2023年我国的基础研究投入尽管已经达到2212亿元，占全社会研发投入的比例已经达到6.65%，而与美国等发达国家15%～20%的占比相比仍有较大差距。因此应稳步增加基础研究的财政投入，通过税收优惠等多种方式激励企业增加投资，鼓励社会力量设立科学基金和进行科学捐赠等多元化投入。同时，在我国，高校和中国科学院等国家科研机构从事基础研究的人员比例过低。从R&D人员在各类研发活动的投入分布来看，2022年，我国从事试验发展的R&D人员全时当量为510.34万人年，占全国R&D人员总量的80.3%；从事应用研究的R&D人员全时当量为74.1万人年，占比为11.7%；从事基础研究的R&D人员全时当量为50.91万人年，仅占比为8.0%。整体来看，我国从事基础研究活动的R&D人员全时当量不足，急需改善。

二、形成国立科研院所、一流高校和领军企业从事基础研究的新格局

世界科技史和教育史清晰地表明，国立科学院、一流高校是基础研究的主体，也是形成科学中心的重要源泉。历史上意大利、英国、法国、德国、美国五大科学中心的诞生与发展，国立科学院和一流大学都分别发挥了根本的作用。科

学革命是技术革命乃至产业革命的重大基石，加强我国高校（特别是一流大学）和中国科学院等国立科研机构从事高水平基础研究活动，并加强两大基础研究体系的战略协同，培育出更多从事基础研究的高水平人才，是实现我国基础研究体制改革的关键。

相对于中国重在基于技术与工程领域的创新，美国、德国和日本的优秀企业更重视基于科学的创新。美国企业积极投资基础研究，其研发实力非常强大，甚至能够做出诺奖级的研究成果。其中，美国科技企业研发投入堪称"巨资"。欧盟委员会发布的《2022年欧盟产业研发投资记分牌》显示，对于全球研发投入前2500家企业，美国继续保持全球研发投入公司数量第一的大国地位，上榜827家（占比达到33%），中国有679家企业上榜，仍低于美国。在全球研发投入前50名的企业中，中国仅有华为等7家企业上榜，美国则有21家上榜，其中美国的默沙东公司以553亿欧元高居榜首。在基础研究领域，中美企业差距更为明显。在我国基础研究投入中，政府占到90%。而美国基础研究投入呈现多元化格局，政府仅占45%左右，企业投入高达25%。基础研究领域的高投入给企业带来更强的技术实力和市场竞争力。以医药行业为例，美国龙头药企研发投入占比平均高达18%，中国仅为4%。因此，我国必须进一步鼓励有条件的科技型领军企业加大对基础研究投入，不断重视基础研究的重大平台建设和加大引进与培育首席科学家等基础研究领军人物，并逐步使其成为继国立科研院所和一流高校之外的重要基础研究力量。

三、针对国情开展多层次的基础研究

基础研究作为科学之本、技术之源，是面向未来的战略投资。在经历了从万尼瓦尔·布什的线性模式到罗森伯格、斯托克斯等人提出的非线性模式之后，对基础研究的认识呈现"多元化"的态势。我国的基础研究要从"自由探索型"和"任务导向型"两个方向分类考虑，"自由探索型"基础研究要尊重从未知到已知、从不确定性到确定性的科学规律，突出原创性、引领性、交叉性、融合性导向，鼓励对宇宙演化、意识本质、物质结构、生命起源等方面的探索和发现，拓展认识自然的边界，开辟新的认知疆域，稳定支持、久久为功；"任务导向型"基础研究或者需求导向的应用基础研究，要"面向世界科技前沿、面向经济主战场、面向国家重大需求、面向人民生命健康"，强调应用牵引、突破瓶颈，从经济社会发展和国家安全面临的实际问题中凝练科学问题，集中支持、聚焦突破，弄通关键核心技术的基础理论和技术原理，强化技术科学和工程科学领域的探索。通过"自由探索型"和"任务导向型"两类基础研究布局，既能产生更多的具有转型意义的高水平基础研究成果，也能进一步保障基础研究的应有成效。要从持续改进科技评价机制着手，保障从事基础研究的原创性和增值性。纯基础研究萌生于古希腊时期产生的求知求真、不带任何功利的科学精神，体现的是一种纯粹价值理性，需要长周期的绩效评价环境，并更关注理论原创，才能稳定纯基础研究领域的人才队伍。随着基础研究的发展与人类文明的进步，在拓展人类知识边界的同时，基础研究的工具理性、应用价值日益突出，今后，基于需求的基础研究在我国科研活动中将占更大比例，为此，完善基础研究的原创价值和相关经济效益相结合的考核体系，将进一步促进由需求引致的基础研究活动，形成基础研究、技术突破、工程实践和产业发展的良性循环。

四、进一步增强基础研究立项的前沿意识

基础研究要聚焦"改变未来"和"形成国际影响力"的前沿研究。《确保美国科学技术全球领先法案（2021年）》和《NSF未来法案》对重点基础研究领域进行了部署，涵盖了先进科学计算、网络安全、AI和自主技术、材料和先进制造业、基础能源科学、清洁能源、高能物理、核物理、可持续的化学、气候、生物科学等多个领域。我国的基础研究不仅在投资规模上落后于美国，而且在项目遴选方面与美国的差距更大。一是我国的基础研究项目立项整体水平尚不高，"学术圈子"问题严重；二是评价体系侧重于基础研究的"规模"而非"质量"，导致"大家齐上马"，科研项目选题陈旧、重复、分散的情况还比较严重。美国国家科学基金

会是美国政府支持基础研究的主要单位，其关注重点是可能给未来社会带来重大变革的前沿性科学问题，而不是一般的基础学科研究。为了保证资助项目的"含金量"，美国国家科学基金会采取了很多有效措施。首先是国际匿名项目评审制度。美国国家科学基金会从国际专家库中随机抽取一流专家组成专家委员会，对申请项目进行匿名评审，从根本上避免形成"学术圈子"，确保评审公正性，保证资助项目的科学价值。其次，美国国家科学基金会坚持以前沿性研究为评价标准，"成熟一个、资助一个"，不盲目追求项目数量，不盲目针对个人或机构进行连续资助，资助项目呈现出"少而精"的特点，这使其单个项目资金充足，有利于实现重大研究突破。最后，美国国家科学基金会充分发挥第三方评估作用，探索引入专家、专业机构和市场、用户等多方参与的共同评审，以提供更广泛视角下的多元化评审机制。这些都值得我国基础研究借鉴。

五、加快依托行业和地方的基础研究平台布局

国家战略科技力量需要具备跨学科、大协同的引领性攻关力量以及承担国家使命的能力，是国家创新体系的重要支柱，也是基础研究的主体。国家战略科技力量以"国家意志"为导向，以"引领发展"为目标，面向世界科技前沿领域，从国家战略全局的高度解决事关国家安全、国家发展、国计民生等根本性问题，从整体上提升我国的创新能力、竞

争实力与发展潜力。从世界格局演变看,国家实验室是赢得国际竞争优势的关键。我国要实现高水平科技自立自强,归根结底要靠国家实验室的建设。与美国已拥有的以依托行业为主的40多个国家实验室相比,我国国家实验室的发展理念、建设规模和原创能力急需提升。要进一步发挥地方政府组建国家实验室的积极性,更要积极依托我国行业部门在中国科学院和一流高校组建更多的高水平国家实验室,并在组建规模、学科建设、管理体系和公益目标等方面进行大幅度的改善,发挥其在开展重大科学项目中的作用。要积极关注大科学装置的建设,深化国际合作与交流,搭建具有世界一流水平的公共实验研究平台,切实提升实验室公共实验研究平台的科研能力、共享程度和管理水平,切实提高实验人员的地位与待遇,为开展科学前沿和关键核心技术的相关研究提供强大的科学实验手段保障。

六、加强科教融合,着力培育基础研究拔尖创新人才

"实现高水平科技自立自强,归根结底要靠高水平创新人才",这就要求我们要始终把培养战略性科学家、基础研究后备人才作为主要任务。虽然我国通过本土人才培养和海外引进,已培养出一批高水平的基础研究人员,但与美国相比,我国在基础研究人才培养方面仍有很大的差距,表现在冲击"诺贝尔奖"的科学成果尚不多见、原创的科学理论成果更为少见,在以高被引研究者为指标的顶级基础研究人才

方面还有较大差距。在2023年，全球共有6849名研究人员被评为"高被引科学家"，美国有2669位，占总体的37.5%，中国有1275名，占比达到17.9%，高于2022年的16.2%、2021年的14.2%和2020年的12.1%，但尚未形成对美国的竞争优势。在基础研究后备人才方面，我国要进一步关注物理和生物科学、数学和统计学等理科专业博士的培养，加强对社会与行为科学专业博士生的培养力度，争取早日在基础研究储备人才数量和强度上赶超美国。为此，要坚持人才是第一资源，高度重视培养培育具有战略性思维、科学家精神、综合创新能力的战略科学家，充分发挥战略科学家在国家重大科学计划和基础研究团队建设中的关键作用，成梯队地造就一批具有世界影响力的基础研究拔尖人才队伍。要大力提升本科生和研究生培养质量，坚持立德树人，以国家重大战略、关键领域和社会重大需求为重点，激发学生从事基础研究的学术志趣，培养一批国家基础研究人才后备军。要高度重视青年科技人才成长指引，使他们成为基础研究的生力军。

七、持续发扬中国文化优势，牢固树立从事基础研究的强大信心

中国共产党率领中国人民走着一条不同于西方文明的发展道路，特别是积极地用整体的、动态的、平衡的观点来指导科技发展，这是对西方基于还原论的、分析的、静态的科

技发展思维的巨大超越。习近平总书记提出构建人类命运共同体理念，描绘的持久和平、普遍安全、共同繁荣、开放包容、清洁美丽的世界，是根植于中华优秀传统文化中的大同思想在当代发展所呈现的新图景、新形式，也是对中国从负责任的基础研究到有意义的基础研究的新指引。在未来，我们应进一步关注第三次科学革命的形成并深度参与其中，这固然要进一步借鉴与发扬基于超微观尺度的科学理性思维，但在解决国际科学前沿领域的一些重大难题以及生态环境、卫生健康等世界性难题过程中，我国的重要科研院所、一流高校和科技领军企业则要更好地发挥文化引领的职能，特别是要发扬中国文化、中华文明和中国智慧的"整体观""整合观"优势，树立"大科学观"，这是我国加强基础研究、实现原始创新、迈向高水平科技自立自强、尽快成为世界重要人才中心和第六个科学中心的文化保障。

以科技创新为核心主导
加快发展新质生产力

魏际刚

(国务院发展研究中心市场经济研究所副所长、研究员)

李苍舒

(国务院发展研究中心副研究员)

2023年9月，习近平总书记在黑龙江考察调研期间首次提到"新质生产力"，提出要整合科技创新资源，引领发展战略性新兴产业和未来产业，加快形成新质生产力。2024年1月31日，中央政治局就扎实推进高质量发展进行第十一次集体学习，习近平总书记全面系统阐释了新质生产力的概念和基本内涵，并就如何推动新质生产力加快发展提出明确要求。2024年3月5日，习近平总书记在参加十四届全国人大二次会议江苏代表团审议时强调，要牢牢把握高质量发展这个首要任务，因地制宜发展新质生产力，为各地发展新质生产力给出重要方法论。

习近平总书记强调，科技创新能够催生新产业、新模式、新动能，是发展新质生产力的核心要素。当前，全球科技创新进入密集活跃期，呈现交叉融合和多点突破的态势，以科技创新为内核的新质生产力展现出比传统生产力更强大的发展动能，能够更广泛地赋能经济社会发展。科技是第一生产力，创新是第一动力，新质生产力的核心要义就在于科技创新。技术的革命性突破是我国新发展阶段激发新动能的决定力量，也是重塑全球竞争新优势的关键着力点。面对国内外经济形势复杂多变的挑战，唯有立足科技创新，不断突破更多颠覆性前沿技术，才能顺利转换驱动方式，更新生产要素，推动产业升级，以新质生产力实现高质量发展。

一、以驱动方式转换提升全要素生产率

新质生产力以科技创新为核心驱动力，以全要素生产率大幅提升为主要标志，以更高效的物质生产能力推动物质财富的高质量积累。

把握全球科技革命和产业变革新趋势，加快重点领域原创性技术研发攻关，以颠覆性技术突破引领新质生产力发展。与一般技术进步不同，颠覆性和原创性技术一旦取得突破，将迅速改变市场竞争格局，重塑产业发展方向，使生产要素重新优化组合实现新的跃升，从根本上改变生产力质态。围绕生物科技、新能源、人工智能、量子科技、绿色低碳等关键领域，加快突破关键共性技术，增强发展新质生产力的

内生动力。不论在何种领域,科技创新始终主导新质生产力发展,只有技术突破才能支撑新产业新业态的发展,促进高新技术应用,提升社会生产力。在传统生产要素的组合基础上,以科技创新转变根本驱动方式,进而促进全要素生产率提升。

加快数字技术创新,以数字化转型驱动产业发展。在数字经济时代,大数据、人工智能、区块链、6G、元宇宙等数字技术成为驱动生产力跃升的重要引擎。当前,我国高度重视数字技术创新,制定了一系列促进数字技术发展的战略规划,在部分领域已处于"领跑"状态,但在关键核心领域仍需要提升竞争力。为此,需要抢抓科技革命和产业变革先机,进一步面向数字领域前沿技术加强基础研究和原始创新,为发展新质生产力构筑具有全球竞争力的数字技术创新生态系统。同时,推动数字技术的跨界融合和创新应用,转变传统发展模式,以数字创新驱动高质量发展,加快数字技术与实体经济的深度融合,促进产业数字化,铸造产业发展的新动能新优势。

加速绿色低碳技术创新,推动经济增长模式绿色转型。习近平总书记指出,绿色发展是高质量发展的底色,新质生产力本身就是绿色生产力。新质生产力的"质优"很大程度就体现在绿色发展上,要加快先进绿色技术的推广应用,促进重点领域和关键环节突破绿色低碳科技创新。加快发展绿色生产力,培养绿色经济新增长点。清洁能源、新型交通工具和可再生能源技术等领域市场潜力巨大,清洁能源市场呈现持续增长趋势;电动交通工具受城市化进程和交通需求增加的驱动,成为未来交通发展的主要方向;可再生能源技术以其可再生性和环保特点,将逐步取代传统能源,成为未来能源供应主力。要通过构建绿色供应链打造绿色低碳循环经济体系,以"双碳"目标充分激发和释放低碳领域的投资潜力,重塑投资、消费、贸易"三驾马车",打造经济高质量增长引擎。

二、以生产要素更新激发创新发展潜力

随着科技进步对生产过程的重塑,掌握更多数字与智能技术的新型劳动者,通用人工智能、智能机器设备等新型生产资料,数据等新型生产对象都成为新质生产力的关键要素。

推动生产要素不断更新发展,与更高水平生产力协同匹配。马克思指出,"生产力,即生产能力及其要素的发展"。生产要素的发展是生产能力提升的重要基础。习近平总书记强调,新质生产力以劳动者、劳动资料、劳动对象及其优化组合的跃升为基本内涵。换言之,发展新质生产力需要更高素质的劳动者,包括能够创造新质生产力的战略科技人才和能够熟练掌握新质生产资料的应用型人才;需要更高技术含量的劳动资料,包括新一轮科技革命孕育出的新科技和智能新型生产工具;需要纳入更广范围的劳动对象,包括以战略性新兴产业和未来产业发展促进可再生资源以及深海、低空

和航天空间的开发，开辟生产活动新领域新赛道。特别要突出高素质人才在引领生产要素更新中的关键作用，畅通教育、科技、人才的良性循环，完善人才培养、使用、流动的工作机制，体现知识、技术、人才的市场价值，实现生产质态的改变和生产效率的提升。

推动生产要素优化组合，促进生产力跃升。习近平总书记强调，创新生产要素配置方式，让各类先进优质生产要素向发展新质生产力顺畅流动。在新的技术条件下优化生产要素组合，通过集约化配置土地、能源等传统要素，加速汇聚人才和技术等关键要素，发掘激活数据等新型生产要素，提升生产要素配置效率以适应新质生产力发展要求。以生产要素的跨领域组合衍生叠加出新环节、新链条、新的活动形态，加快发展智能制造、数字贸易、智慧物流、智慧农业等新业态。推动产业组织和产业形态变革调整，促进生产要素的协同共享、自由流动和高效利用，推动生产组织方式向网络化、平台化和生态化转型，打造广泛参与、资源共享、精准匹配、紧密协作的产业生态圈，加速全产业链供应链的价值协同和价值共创。

充分发挥数据作为新生产要素的关键作用，引领数字经济时代创新发展。习近平总书记多次对数据资源发展作出重要指示，提出"促进数据高效流通使用、赋能实体经济，统筹推进数据产权、流通交易、收益分配、安全治理"。人类社会从以劳动力和土地为生产要素的农业经济时代，步入以资本和技术为主导的工业经济时代，目前正加速向以数据为"石油"的数字经济时代演进。随着全球信息技术的不断演进和数字化进程的加速推进，爆发增长、海量集聚的数据已成为推动创新、提升效率、引领产业变革的关键驱动力和活跃生产要素。数据要素不仅是劳动资料和劳动对象，而且作为一种特殊的新型生产力要素可对劳动、知识、技术、管理、资本等进行优化组合和质量提升，实现放大、叠加、倍增效应。现实中，数据要素的应用场景广度和深度不断拓展，快速融入生产、流通、分配、消费和社会服务管理各环节，成为推动经济社会高质量发展的关键动力。积极发挥数据要素的"融合剂"作用，推动现有业态和数字业态跨界融合，促进精准供给和优质供给，更好满足和创造新需求，更加充分显现数据要素在经济发展领域的乘数效应。

三、以产业结构升级催生先进生产力质态

发展新质生产力以技术为牵引，统筹推进科技创新和产业创新，改造提升传统产业，培育壮大新兴产业，布局建设未来产业，加快建设现代化产业体系，最终实现产业结构深度转型与升级。

创新性配置新质生产力要素，赋能传统产业改造提升。新质生产力不仅以新兴技术和颠覆性技术催生新产业新动能，还特别强调以新质生产力要素去赋能传统产业深度转型升级。传统产业在我国国民经济中占据重要地位，不仅关乎

现代化产业体系建设全局,其转型升级过程也孕育着新质生产力。引入先进的信息技术、大数据分析、人工智能等技术,将传统产业的生产、管理、营销等环节数字化。采用物联网、数字化技术实现生产过程的智能化和自动化,提高生产线的灵活性、响应速度和生产效率,同时降低人力成本和避免资源浪费。在生产过程中注重环境保护和资源节约,推动传统产业向绿色低碳方向转型,提升企业品牌形象和市场竞争力。培养适应新质生产力要求的数字化人才、工程技术人才、创新人才等,同时对现有员工进行再培训和转岗,使其适应新的生产模式和技术要求。

加强科技成果转化应用,培育壮大新兴产业。以科技创新引领现代化产业体系建设,关键在于及时将科技创新成果应用到具体产业和产业链上,将其转化成现实生产力。充分发挥科技创新对新兴产业发展的支撑引领作用,突出企业科技创新主体地位,做大做强一批国际竞争力强、产业关联度大、具有产业链控制力的龙头骨干企业,加快培育一批"单项冠军"和专精特新"小巨人"企业,激励企业加快数智化转型,打造更多全球知名的科技领军企业,以企业生产技术的整体提升带动产业转型升级。健全科技成果转化和转移机制,加强科研院所、高校与企业之间的合作,进一步促进高校科研成果向产业转化。加强对新技术的标准化工作,建立行业标准和技术规范,降低新技术应用的风险和成本,促进新技术在产业链中的广泛应用。鼓励企业建立技术研发中心，增强自主创新能力，培育壮大新兴产业。

深刻把握前沿科技发展趋势，加快布局建设未来产业。当前，科技创新和产业发展融合不断加深，重大前沿技术、颠覆性技术持续涌现，催生出量子信息、基因技术、未来网络、类脑智能、人形机器人等新产业发展方向。这些由前沿技术驱动的新产业新赛道当前虽处于孕育萌发阶段或产业化初期，但却具有显著的前瞻性、战略性、引领性和颠覆性特征，是世界各国竞相布局的制高点，也是我国培育新质生产力和提升全球竞争力的战略选择。要准确研判前沿科技发展趋势，以原创性、颠覆性技术突破催生培育未来产业，推动科技与产业互相支撑、迭代升级。投资于前沿技术领域，如人工智能、生物技术、新能源、元宇宙等具有较高创新性和增长潜力的领域，鼓励不同领域之间的融合创新，例如在智能制造领域结合人工智能、物联网和大数据技术，探索新的商业模式和产品。建设未来产业创新生态系统，提供孵化器、加速器等支持，梯度培育高新技术企业。重视生态环境保护，布局清洁能源、环保科技、绿色建筑等生态友好型产业，满足市场对可持续发展的需求。加强国际合作，学习借鉴国外先进经验和技术，拓展海外市场，鼓励龙头骨干企业发挥好产业链融通带动作用，提升我国企业在全球价值链中的地位。

加强科技平台企业赋能
加快发展新质生产力

尹西明

（北京理工大学公共管理系主任、研究员）

企业是国家创新系统的核心主体，科技领军企业是我国全面提升国家创新体系效能的先锋队、参与国际科技竞争和掌握国际科技创新话语权的代表者。科技平台企业与传统企业不同，它是以公共云计算、人工智能大模型等数智技术平台为载体，以数字技术创新和数据要素融通交互为核心驱动力，以构建创新生态为使命，通过基础设施即服务、数据即服务、模型即服务等新型服务模式，不断孕育、孵化新技术、新企业，赋能科技创新与产业创新互促并进。以数字创新生态驱动发展的新型平台，也是培育壮大科技领军企业，强化企业科技创新主体地位和数字赋能加快发展新质生产力的重要主体。

当前，数字经济与实体经济的深度融合在全球掀起新一轮创新革命。生成式 AI（人工智能）、物联网（IoT）、云计算等前沿性、颠覆性技术正快速融入细分应用场景，为产业智能化、高端化和融合化的高质量发展提供了新的增长空间。尤其是产业数字化和数字产业化，作为数字经济创新发展的两个向度，是赋能新型工业化，加速构建现代化产业体系，培育新质生产力和高质量发展新模式、新业态、新赛道，进而催生新动能新优势的关键突破口。而数字化、智能化的科技平台企业是推进产业数字化和数字产业化双向协同发展、推动生产力能级跃迁方面的最大交汇点和关键主体，也是"创新引领发展，数字加速创新"的实践先锋。

高质量发展需要新的生产力理论来指导，而新质生产力已经在实践中形成并展示出对高质量发展的强劲推动力、支撑力，需要我们从理论上进行总结、概括，用以指导新的发展实践。2024年《政府工作报告》将2024年政府工作首要任务确定为大力推进现代化产业体系建设，加快发展新质生产力。将深入推进数字经济创新发展作为加快发展新质生产力的三大主任务之一，提出要支持科技平台企业在促进创新、增加就业、国际竞争中大显身手。在此背景下，辩证认识科技平台企业的特征、优势，把握科技平台企业在数字经济创新发展中的重要作用和历史使命，培育壮大科技平台企业，发挥好科技平台企业在数智创新中的先锋作用，为科技创新、产业创新和生产力质态跃迁提供新机制、新动能和新生态支撑，是实现高水平科技自立自强，加快发展新质生产力、扎实推进高质量发展的重要抓手。

一、数智时代的科技平台企业

随着信息技术的飞速发展,科技平台企业在全球范围内崛起,成为推动经济发展的新引擎。这些企业通过整合科技创新资源、融通数据要素、创新商业模式和提升产业效率,赋能新质生产力的发展。在我国,科技平台企业如中国电科、中国电子、阿里巴巴、华为、京东、腾讯、百度、科大讯飞、字节跳动、京东方、大疆等,不仅在集成电路、消费互联网、金融、5G、人工智能和工业互联网等领域取得了重要成就,还引领了产业升级和数字化转型的新趋势,为科技平台企业赋能新质生产力发展进行了重要探索。

科技平台企业作为一种基于人工智能等数字技术和数据要素所形成的新型商业模式和商业组织平台,以其独特的特点和优势在当今社会经济中扮演着越来越重要的角色。科技平台企业通常以人工智能、区块链、云计算、数据科学等数字技术和数据要素为基础,通过提供技术平台、数据资源和公共服务,连接供需双方,融通科技创新与产业创新,促进数据、信息和知识的快速流动和资源的优化配置。其核心特点包括开放性、互动性、网络效应和动态性。开放性体现在平台向第三方开放接口或数字基础设施,允许其接入并为其提供场景化的产品与服务;互动性体现在平台用户之间的双边或多边互动与合作共创;网络效应则是指平台的价值随着用户数量的增加而提升,形成了边际成本较小而边际收益递增的新型组织发展模式；动态性则体现在科技平台能够快速适应市场变化，持续迭代升级，并通过前瞻把握科技与产业变革契机，形成现代化产业体系建设的先导力量。

科技平台天然具有探索数字技术、融通创新资源、链接创新主体和应用场景的优势，是孕育和孵化科技企业的"黑土地"、构建创新生态的"热带雨林"，是产业数字化、智能化和高端化转型的"源头活水"。

科技平台与用户企业的关系始于商业，早期以电子商务平台为代表，但是在演化过程中，科技平台通过提供低成本、广覆盖的云计算与AI基础服务，帮助创新企业迅速、高效地搭建创新应用，承载其全球化、低延时、高质量的全球化海量服务。中小企业以较低成本得到与全球科技巨头同样的创新基础设施，打破了传统企业的发展路径。科技平台企业与平台用户企业形成了紧密的创新联合体。

2023年7月12日，国务院总理李强在北京主持召开平台企业座谈会，听取对更好促进平台经济规范健康持续发展的意见、建议。中国工程院院士、阿里云创始人王坚以云计算平台企业为例，分析了科技平台企业对加快科技企业创新发展的基础作用，对支持中国科技平台企业加速全球布局提出建议。

新质生产力理论的提出与发展，对阿里巴巴、腾讯、百度、华为、字节跳动等科技企业而言，既是重要的发展机遇，也对其提出了新使命新要求。中国科技平台企业的发展壮大，得益于国家对数字经济的前瞻性布局与成功的产业政策，科技平台的成长和发展本身就是新质生产力驱动企业成长与产业升级的实践探索。因此，科技平台企业需要进一步勇挑重担，善作善成，努力促进新质生产力加快发展。

二、科技平台企业赋能加快发展新质生产力的主要路径

科技平台企业是以数字科技创新赋能产业创新，连接"有为政府"和"有效市场"、加速发展新质生产力的"有力主体"。科技平台企业不但能够依靠在数字技术和数据要素方面的积累和探索，汇聚市场主体和创新要素，加快人工智能等数字技术创新，还能够发挥平台化和制度中介的优势，推动"人工智能+"行动的快速落地，将数字技术、数据要素和人工智能这些发展新质生产力的新型生产要素真正加快融入产业链中，一方面以更低成本、更高效率推动传统产业智能化高端化绿色化，提升产业链供应链安全韧性水平；另一方面能够以数字技术创新和数据要素交互流通，加速战略性新兴产业融合集群发展和催生未来产业。

同时，平台企业作为深度参与现代化产业体系建设的新型实体企业，是打造科技领军企业、推动国家战略科技力量集成攻关的有力载体，能够发挥平台优势，推动数字经济领域大中小企业深度融通和产学研深度融合，加快产业智能化发展步伐，为新质生产力发展提供不竭的市场驱动力。

科技平台不是一朝一夕就能够打造的概念或者阶段性模式，而是我国数字经济和平台经济发展的自然结果，是参与新一轮全球科技竞争的"强国智器"。科技平台基于长期以来积累的系统能力与灵活和动态更新的管理机制创新，能够通过创机制、强动力和育生态等路径，为加快形成和发展新质生产力培育新动能。

（一）创机制：科技平台在科研创新领域引领发挥"飞轮效应"

亚马逊创始人杰夫·贝索斯曾经把平台企业在商业领域的成功归纳为"飞轮效应"。以亚马逊为例，平台企业首先汇聚商家产品满足消费者多样化市场需求，继而通过规模效应实现成本的降低，带来价格竞争优势，然后从单纯价格优势演化为多维度提高客户体验（包含物流、配送、售后服务等），最终吸引更大规模用户为商家提供优质流量入口。以最新一轮生成式 AI（人工智能）竞争为例，科研创新领域也呈现出更为显著的"飞轮效应"。在上游，科技平台依托在"数据、算力、算法"领域的大规模投入，训练形成"大模型"，从而服务下游海量行业应用。而在应用过程中积累的专有行业知识与用户数据，支撑乃至反哺了科技平台对"大模型"的提升迭代。

科技平台推动科研创新和智能科学范式跃迁的"飞轮效应"不是凭空出现的，而是通过广域数据积累、海量场景嵌入与新型商业模式探索实践，从根本上提升了科技创新的速度和科技成果向产业链、产业场景和现实生产力转化的效率。例如,阿里云作为科技平台企业为中山大学医学院提供大模型与云计算两项核心能力,帮助专业团队推进 RNA 病毒发现技术突破,将 RNA 病毒的发现效率从 2~3 月缩短为一周,扩充全球 RNA 病毒库——近 30 倍的新发现病毒种、约 9 倍的新发现病毒超群。云计算和大模型大幅提升了人类发现 RNA 新病毒的效率,重新定义了人类对病毒演化历史的认知。

(二)强动力:科技平台助力产业智能化、高端化、融合化发展

从行业属性来看,利用新技术和生产要素创新性组合来推动产业深度转型升级的细分领域,都属于新质生产力的探索范畴,既包括新一代信息技术、新能源、新材料、先进制造、生物技术等战略性新兴产业,也包括通用人工智能、量子信息、卫星互联网、人形机器人、未来能源等未来产业。

科技平台是前沿技术与千行百业深入链接和融合的"中介",其提供的通用性数字技术、普惠算力、AI 大模型、大数据分析等能力已经成为推动产业智能化升级和培育新产业的必要条件之一。以制造业为例,科技平台支持企业主体在研发设计、生产工艺、运维质控、销售客服、组织协同等环节进行全面优化,加速制造业走向智能化。科技平台与制造业深入融合,AI 大模型进入控制环节,驱动工业软件从 SaaS 走向"在线化""智能化"。AI 大模型推动数据高效畅通流动,弥合制造业数据流断点,大幅提升智能制造水平,成为

制造业智能化发展的引擎。

科技平台助力催生新产业新业态,推动生产力水平实现跃迁升级,进而带来涉及领域新、技术含量高且经济社会效益好的新质生产力。例如,腾讯作为典型的数字科技平台企业,基于自身发展积累的数字技术和数据融通经验,围绕瑞泰马钢透明工厂建设场景的核心诉求,解决了数据融合问题,将生产过程中产生的各类异构数据都汇集到腾讯微瓴这个深度适配智慧建筑场景的物联网操作系统,通过物联网、人工智能、云计算、大数据分析、数字孪生等新技术融通数据,实现了生产设备在线、管理流程在线的终极目标,赋能传统制造业智能化、融合化和绿色化转型升级。在医疗领域,2023年末阿里巴巴达摩院联合全球十多家顶尖医疗机构,将AI用于体检中心、医院等无症状人群的胰腺癌筛查。只用最简单的平扫CT,就在2万多真实世界连续病人群体中发现了31例临床漏诊病变,其中2例早期胰腺癌病患已完成手术治愈。相关研究成果登上了国际顶级医疗期刊《自然医学》(*Nature Medicine*),该刊专门配发评论文章:"基于医疗影像AI的癌症筛查即将进入黄金时代"。

(三)育生态:降低技术门槛,为创新涌现赋能新质生产力强基

多数科技平台对研发有巨额投入,承担了巨大的不确定性风险。而当其形成规模,并通过"科技向善"的理念将产品应用服务于市场时,新技术应用门槛被大幅度降低,从而自然带动更多市场主体勇于以更低的试错成本大胆投入创新。由此，科技平台能够为大规模的创新涌现奠定底层基础。

一方面，科技平台企业为创业型科技公司提供云计算、数据智能产品、丰富的SaaS应用等普惠创新基础设施，企业专注于技术和产品创新，催生了一批科技独角兽企业，包括米哈游、蘑菇物联、黑湖科技、奥哲科技、Snowflake、Netflix、Airbnb等，这些数字原生企业，公司市值快速增加，逐渐成为细分领域的科技领军企业。如上海米哈游公司，是一家100%在云上成长起来的元宇宙公司，2012年创立之初就以"轻资产"方式在公共云上实现了全球化服务能力，2022年的利润超过了索尼的PlayStation（22亿美元vs18亿美元）。

另一方面，科技平台能够通过工业智能基础设施夯实产业智能化的生态底座，探索一条普惠、个性、低成本、高效能和共成长的产业创新生态之路，实现大中小企业融通创新和产学研深度融合，形成持续赋能新质生产力发展的良性循环。

以阿里云为例，阿里云为全球超过400万家企业和机构提供云计算服务，其中90%以上是中小企业。钉钉用户数超过7亿人，企业组织数超过2300万家，70%是中小企业。全国超过60%的专精特新"小巨人"企业使用钉钉平台。钉钉数字化应用超过1000万个，"低代码"应用超过700万个，低代码开发人员超过500万人。2024年1月9日，钉钉发布7.5版本，全面拥抱AI，致力于打造适用面最广的"智能助理平台",让每一家企业乃至每一个人都能够以低成本拥有一个"超级 AI 助理",享有新技术与生产力提升带来的红利。

而腾讯则在 2018 年开始拥抱产业互联网,面对新一轮科技革命和产业变革新机遇的战略选择,积极输出优势能力,加速数字经济与实体经济融合。2022 年 7 月,腾讯云与智慧产业事业群(CSIG)宣布成立政企业务线,持续深耕政务、工业、能源、文旅、农业、地产、体育、运营商等领域,加速数智技术在实体经济中的落地。在这一过程中,腾讯把 C 端的 know how 溢出给客户和合作伙伴,提供云服务、腾讯会议、小程序、支付、企业微信等连接器,实现消费者和企业跨越线上线下、跨越时间、跨越场景的连接,提升供需匹配效率,助力产业数字化升级。截至 2023 年底,腾讯 WeMake 工业互联网平台连续四年入选国家级"双跨"平台,平台已服务 61 万家工业企业、覆盖 22 个工业子行业、开放 3000 多个工业 App、沉淀工业模型数量达 5300 个、链接的工业设备数达 120 万台。腾讯云也持续深耕新能源赛道,服务于宁德时代、欣旺达、东方日升、天合光能、协鑫等数十家新能源头部客户,覆盖光伏、锂电、储能等领域及上下游产业链。

三、科技平台的使命与责任

新一轮科技和产业革命的趋势表明,科技平台成为全球数字经济竞争的制胜点。美国七大科技平台（苹果、谷歌母公司 Alphabet、Facebook 母公司 Meta、英伟达、特斯拉、亚马逊和微软）就是全球科技平台的典型代表。科技平台企业具有五大能力：人工智能和云计算等前沿技术的先进性；新企业孵化与新技术加速创新扩散能力；企业数字化运营支撑能力；数字技术和数据生态融通能力；支撑企业全球化拓展能力。

2022 年 11 月，OpenAI 公司研发的 ChatGPT 横空出世，似乎是以一己之力将人工智能带入"通用人工智能（AGI）"时代。然而，深入了解其发展历程，OpenAI 的成长来自英伟达以及微软等科技平台的产品与服务支撑。最初的 GPT-1 与 GPT-2 版本在表现平平的情况下，OpenAI 团队指数级提高模型训练的参数与数据规模，再得到微软云提供的大算力加持，ChatGPT 才"涌现"出惊人的智能水平。而 OpenAI 的成功，又激发出全新的通用人工智能创新生态。2024 年 1 月 11 日凌晨，OpenAI 宣布正式推出 GPT 商店（GPT Store），首批上线的智能应用超过 300 万个。距离 2023 年 11 月 OpenAI 首次展示 GPT 商店功能，仅仅过去 2 个月。

以微软、英伟达与 OpenAI 的合作模式为典型，科技平台与创新企业共生共荣、共同主导创新生态加速形成，在客观上也加速了新技术与千行百业深度融合、在具体场景中发挥生产力的过程。放眼未来，科技平台的比拼将成为大国博弈和强国建设的焦点之一。

一方面,要理性客观认知中国与美国科技平台之间的差距。整体而言,无论是在基础科研、工程规模还是应用实践等环节,中国科技平台都处于落后追赶状态。尤其是在孵化培育独角兽企业、支撑和培育 SaaS 市场以及全球化拓展方面差距巨大。比如,基于科技平台,美国培育和孵化的 SaaS 市场规模是中国的 10 倍。阿里云的全球合作伙伴仅 1.2 万家,同美国领先的科技平台企业差一个数量级。

另一方面,差距让中国科技平台有了迎难而上、奋力追赶的迫切感。提高科技创新水平,加快新质生产力形成,服务实体经济智能化升级,进而在国际竞争中发挥更积极和负责任的作用,是所有中国科技平台的使命与责任。当前,全社会以新质生产力理论体系为指引,正在进一步营造鼓励创新、追求创新的氛围,企业科技创新主体地位日益强化。在这一大趋势下,科技平台企业需要主动在云计算、操作系统、数据库、通用人工智能等领域承担国家重大科技任务,承担关键核心技术攻关和揭榜挂帅等重大任务,积极地参与国家重大创新,更需要进一步与用户企业、科研机构形成创新联合体,持续培育和繁荣具有国际竞争优势的开放型国家创新生态。

展望未来,加快发展新质生产力这一重大任务,对数字经济创新发展,尤其是发挥科技平台企业在推进数字产业化、产业数字化和数实深度融合的优势和潜力方面提出了新的要求，也提供了巨大的创新场景和国家战略发展空间。2024年《政府工作报告》提出"支持平台企业在促进创新、增加就业、国际竞争中大显身手"。这需要平台企业围绕新质生产力和数字经济创新发展的目标，融入企业创新管理实践，敢于探索、善作善成，凝心聚力促进数字技术创新、人工智能创新和应用，进一步探索和创造新的就业形态、就业模式以及就业赛道，同时心怀"国之大者"，发挥好平台型企业在国际竞争前沿敏感性、市场灵活度、激励相容机制创新经验等方面的优势，带动中国数字经济和实体产业集体"出海"，助力构建国内国际双循环新发展格局，抢抓全球数字经济、人工智能发展主导权，提升中国经济的全球竞争力和贡献度。

（本文首发于《科技中国》2024年第4期，文章经作者授权编辑整理。）

新质生产力之"新模式"

打造数据存储产业，助力发展新质生产力

倪光南

（中国工程院院士）

新质生产力是实现中国式现代化和高质量发展的重要基础。2024年1月31日，习近平总书记在中共中央政治局第十一次集体学习时强调："科技创新能够催生新产业、新模式、新动能，是发展新质生产力的核心要素。"当前，我们正面临新一轮科技革命和产业变革，数据成为关键生产要素；算力中心已成为新型基础设施，数据存储产业已成为发展新质生产力的新引擎。

数据存储长期以来被西方国家置于优先发展战略地位，例如2021年美国国会授权在未来5年内拨款1100多亿美元用于基础和先进技术研究，覆盖10大关键技术领域，其中就包括了数据存储和数据管理。过去，我们往往将数据存储看作产品，与计算机的电源、键盘、机箱等同看待，当作一种计算机配件。显然在以数据为生产要素的数字时代，面

新质生产力：中国经济增长新动能

对数据存储这样庞大的产业规模和重要的产业地位，我们要改变认知。就如软件业，在计算机发展初期的主机时代，也被当作主机的配套产品，但后来随着软件业发展壮大，现在已被公认是一个基础性、战略性、先导性产业。因此，对于数据存储，也应将其作为产业来抓，引导产业上下游协同发展，抓住新一代产业变革的黄金时期，使其在我国数据量即将跃居世界第一的大背景下，成长为类似于软件产业的新产业。

如今，全球数据存储产业规模已接近3000亿美元，未来市场空间巨大，并将持续保持高速增长态势。IDC、Gartner等第三方咨询机构预测，到2025年，我国存储产业上游产业链规模超过2600亿元人民币，中下游规模超过8000亿元，我国存储产业直接投资总额将超过万亿元规模。在全球数据存储行业头部企业方面，美国的DellEMC和中国的华为分别居第一位、第二位，我国企业在这一领域的技术和创新能力也位居前列。例如，华为全闪存存储在2023年Q3首次超越了DellEMC的产品，获得国际市场认可。这代表中国在闪存部件和整机能力方面已经处于全球先进水平。

当前我国数据存储产业已经具备了国际竞争力。预计到2025年中国数据圈规模将增至48.6ZB（泽字节），占全球数据圈总量的27.8%，成为全球第一的数据大国。这对算力、存力、运力都提出了更高的要求。据估计，到2030年，我国的通用算力将增长10倍，人工智能算力将增长500倍。"广义算力"（或"综合算力"）实际上是由"算力、存力、运力"三者组成，其中"存力"就需要数据存储产业的支撑。由此可见，我们应把数据存储和算力放在同等重要的地位，引导产业协同发展；应将数据存储同样作为信息领域中重要的产业支撑，作为战略性、基础性、先导性产业予以大力支持，充分发挥其作为发展新质生产力核心要素的重大作用。

我国数据存储产业链已经基本成熟。从产业上游、中游和下游来看，数据存储产业上游主要包括 NAND Flash（SSD 颗粒）、SSD 主控芯片、DRAM（内存）和 HDD（机械硬盘）。目前我国部分企业的 NAND Flash 和 DRAM 芯片，已经达到全球行业主流的水平及生产能力，其中一家企业的 232 层三维闪存芯片与美光同系列产品相当，代表业界最先进水平，相比国外厂家，具备存储密度高、生产周期短、定制化能力强等优势。我国 SSD 主控厂商正迅速崛起，国内自主研发的 SSD 主控芯片已经有十几家厂商的产品得到商用，用户给出良好的实际体验。

据 IDC 统计，当前美国半导体先进闪存在存储市场中的占比为 53%，相比之下中国的同类占比仅为 18.2%，是全球平均水平的一半。实际情况表明，我国在发展和推广先进存储技术方面还比较落后，当下应急起直追。以先进 SSD 固态硬盘替代传统的 HDD 机械硬盘，在存储领域被人称作是一场技术更新换代的"存储革命"，我们要不失时机地推进这场

"存储革命"。鉴于我国过去机械硬盘的市场基本上被进口产品垄断,所以这场"存储革命"一方面是顺应信息技术发展趋势,另一方面也是提升数据存储设备供应链安全的有效举措,这也将带动我国数据存储产业的整体发展。

数据存储产业的中游,包含数据存储整机和存储系统。我国企业在自主的核心数据存储芯片、系统架构和软件上都有所创新,尤其是数据存储系统采用的编码算法、芯片卸载和大容量/高密度盘等闪存介质应用技术,已经达到全球领先,具有良好的国际竞争力。我国有些厂商推出面向 AI 大模型新兴场景的新一代高性能存储产品,整合了数据编织、近存计算、存算网融合、知识语义感知存储等关键核心技术,取得多项重大突破,这一突破可以将算力中心的能力提升 30% 左右。为此,我们应当在新型数字基础设施建设中,全面采用先进的数据存储技术替代传统技术,通过提供高能效、高可靠的数据"存取能力"(即"存力"),达到"以存强算""以存补算"以提升算力效率,通过算力基础设施整体系统的提升促进算力发展。

数据存储产业的下游主要是多种应用与服务。在多年奋斗、持续创新的基础上,我国数据存储产业已经取得了重大发展,目前国产品牌的产品在国内市场占比 85%,在全球市场占比 20%。可以说,这一产业已经达到了科技自立自强的要求。今后在超大规模市场需求的牵引下,依靠国内国际双循环,以存储整机厂商为龙头带动整个产业链上下游和生态蓬勃发展，我国数据存储产业必将迎来高速发展期，实现新的飞跃。

综上所述，我国数据存储产业在基本实现国产化情况下已具备国际竞争力，并正向万亿元市场规模迅速发展，为支撑我国发展成为全球数据大国发挥着越来越大的作用。我们要全面强化其产业链和生态建设，积极扩展产业规模，提升产品和服务的性价比，争取成为中国在 IT 领域继 5G 后的又一张"新名片"。引领数据存储产业为发展新质生产力，推动中国式现代化高质量发展作出贡献。

数字化创新加快新质生产力发展

白津夫

（北京工商大学数字经济研究院院长）

创新是引领发展的第一动力，也是新质生产力的突出特点。习近平总书记明确指出："新质生产力特点是创新，关键在质优，本质是先进生产力。"需要指出的是，这里讲的创新不是一般意义上的创新，而是基于数字赋能的数字化创新，新质生产力由数字化创新引发，是数字化创新的结果，与数字化创新相伴而行。数字化创新推动创新范式变革，既对传统创新方式产生颠覆性影响，又塑造新的创新逻辑和创新体系，并且大幅提升全要素生产率，从更深层次上提高生产力的质量，提升生产力的先进性，以此形成新质生产力的"核心标志"。

一、数字化推动创新范式变革

"数字化浪潮也是一种变革性力量"，正在重组要素资源、重塑经济结构。同时，也在推动创新范式变革。数字化正在重构创新逻辑、优化创新流程、改变成果转化方式，并进一步拓宽数字化创新转化为现实生产力的路径，从而全面推进新质生产力发展。特别是人工智能驱动的创新不再重复PC时代的软件或移动时代的App，以深度学习，尤其是大模型技术为代表的新一代人工智能技术，发现新的科学规律，加速科研成果转化，推动形成数字化创新。

（一）关于数字化创新的讨论

当下，数字化创新引起越来越多人的关注，成为数字新时代的重要议题。瑞士学者奥利弗·加斯曼等人在《智慧城市：将数字创新引入城市》一书中明确指出：数字化预示着一场经济和社会革命。数字发展与城市作为创新场所的历史性质是协调的，其"开放式创新"和"共同创造价值"揭示了数字化创新的核心特征并明确提出了"数字创新"概念。

我国著名经济学家江小涓教授阐述了"数据化创新"理念。在其"数字时代创新问题研究"一文中指出：现在，世界进入数字时代，数字技术迅速发展和海量数据的产生，不仅显著影响经济社会运行方式，而且推动着科研范式的深刻变革。这种变革不是原来研究范式内部因素和结构的调整，而是"数据"这个新要素和数据复杂交互形成的"数据关系"，这些新变量加入所引发的创新要素、创新主体和创新组织的深刻变革。据此，有专家认为，"数据化改变创新范式"，数据和算力决定谁来创新，包括很重要的原始创新。这种海量算力、数据及人才迅速决策能力，技术迭代速度，完全是另外一种创新的组织架构。按照国外一些学者的说法，已经进入"数据密集型"的科研创新范式。

美国著名数字战略家、"云经济学"提出者乔·韦曼，在为"中国发展高层论坛"提供的题为"新质生产力与中国的数字创新前景"专稿中认为：中国长期增长的一个关键要素就是创新，并将继续通过世界领先的创新加快新质生产力发展。当今创新的很大一部分是围绕数字技术展开的，或者说是数字赋能的结果。中国创新增长优势形成的一个重要原因是在千禧之年的第一波创新浪潮中，基于制造业劳动力成本形成的比较优势，这使得中国能够提供全球制造业总量的30%。但是，这一浪潮已基本平息。因此，下一波增长必须以更高质量的制造、先进制造方法的使用和高质量的服务来拓展和补充这一领先地位。

这从一个侧面揭示了我国第一波生产力的局限和加快发展新质生产力的要求。随着制造业转型升级特别是数字化创新力度加大，促进传统产业转型升级为高端、智能和绿色产业，高质量发展要求新质生产力来支撑，"中国将继续通过世界领先的创新加快新质生产力发展"。（参见《中国经济报告》2024年第2期）

笔者曾在2023年12月24日的北京工商大学数字经济年度论坛上，以"数字化创新推动高质量发展"为题作了专题发言，集中阐述了数字化创新的特点及对高质量发展的意义。

这些积极探索聚焦于一个关键点，那就是必须顺应数字化趋势,加大数字化创新力度,为发展新质生产力创造先决条件,为高质量发展拓宽路径。

(二) 数字化创新的认知

区别于工业化和后工业化创新,数字化创新呈现新特点、新趋势。对此,我们至少可以从以下几个维度来认识。

第一,重新定义创新。有观点认为,创新通常被解读为"技术创新",这甚至成为一种认知范式。而在数字化条件下,创新的真正含义是"新的联系"。这是一个全新的概括,揭示了数字时代创新的本质属性,更加体现了数字化互联互通的核心要义。

那么,如何形成新的联系?需要灵活地思考才能将所有的东西连接起来,创造出新的联系,并通过跨界链接多样化人才和企业来创造新的价值。这对过去"画地为牢"、"小院高墙"、自成体系的创新模式具有颠覆性意义,也让我们对创新有了新的认知。通过"新的联系"体现高度互联世界的基本要求,深刻改变创新要素的组合方式和互动方式,并将对创新的关联性产生持续的影响。

第二,融合创新成为基本范式。不同技术之间的集成与融合是未来发展的趋势,比如 AI 与物联网的结合,不断创造融合的新场景、新形态,其融合性使得创新和成果转化呈现"直接一体化"趋势。

所谓"直接一体化",更加体现从封闭式边界思维到开放式跨界融合;从跨技术的融合到跨业态的融合以及研发机构间的深度融合。推进融合创新延伸至更广领域，创造多元一体的创新模式。通过发散思维，把不同想法联系起来，增强人类的创造能力，支持创意细化，提出前所未有的解决方案。

如东莞的新型研发机构具有一定代表性，创新要素综合一体化，目的就是提升创新效能、释放更大创新活力。（据报道，目前东莞有新型研发机构35家，2023年前三季度，新型研发机构有国家级和省部级以上科研项目68项，项目金额达2.42亿元，研发投入9.3亿元，获得发明专利授权数203个。）

第三，数字化创新体现为"社会创新"。创新从小众趋向群体化，从独创到共创、从创意开放到过程开放、从个体优势到群体优势、从现实空间体系到线下线上相结合，形成全流程开放创新。围绕核心创意，深入理解不同领域间的交叉关系，展现出更有开创性的设计。集各方力量共同参与，鼓励与其他企业和组织进行合作。因为在数字化条件下，创新已不再是个体行为，需要创新主体多方参与，创新要素适配组合，通过协同发力的高效合作，促进机会共享、价值共创。这是数字化发展的题中应有之义，也是数字化共生协同的本质要求。如一些地方的创新联盟就发挥了这样的作用。

第四，缩短创新流程。学院创新和公司创新紧密结合，创新端直接触达应用端，创新与应用深度融合，很多重大创新就发生在应用中，并通过应用得以验证。

同时，创新链与产业链深度融合，以创新链引领产业链，以产业链引导创新链，促进创新成果转化零距离。从实践看，近年来，我国科技成果转化的质量和效率不断提高，越来越多的"黑科技"、高精尖技术实现转化落地，这与创新流程缩短不无关系。

第五，创新呈现新特点。①集科学创新与技术创新于一体，也就是科学领域与技术创新领域的紧密结合。②从渐进式连续性思维到非连续性生态思维，持续优化创新环境，形成良好创新生态。③数据驱动，把大数据分析贯穿于创新全过程，确保创新精准对接需求。④开放创新与价值共创。所谓开放创新，主要指创新过程的开放性。一是由外而内地整合外部知识和相关人才；二是由内而外地强化对外关联投资，实现创新外部商业化；三是放大合作效应，形成创新联盟或创新网络，增强其融合性。所谓价值共创，就是要让利益相关者积极参与创新全过程，共创价值、共享成果。

数字化正在以不同的方式改造价值链，并为增值和更广泛的结构变革开辟新的渠道。数字化创新引发系统性变革，从更深层次和更广维度推动经济高质量发展。数字化视域下的高质量发展，更加体现通过数字技术迭代演进，推动"成本效率和时间效率最大化"，并超越以效率和生产力为唯一目标，更加强化发展对社会的贡献度。特别是"人机合作"的推行，将重构创新逻辑和发展思维，卓有成效地推动经济高质量发展。这一切仅仅是开始，有专家预测，到

2035年，神经形态计算、DNA计算、量子计算等科学问世，将加速生成式人工智能向超级人工智能的转变，从更深层次上推动经济高质量发展，在真正意义上重塑世界新未来。也有专家指出：人工智能扮演越来越重要的角色。换句话说，人类将不再直接参与创新，而是创造人工智能，由人工智能为人类进行创新。

数字化创新不仅仅是技术层面的新突破，还导致发展方式的全面创新，推动形成更加高效、智能、可持续的发展模式。如智能制造的应用可以通过精准控制生产过程，优化生产流程，减少资源浪费，提高产品质量。此外，数字化创新还促进了新业态发展，比如智能经济、数据经济、共享经济和虚拟经济等，这些新业态为经济发展提供了新的增长点，也为高质量发展提供了重要支撑。

为此，要最大化地发挥数字化创新的潜力，从更深层次和更广领域推动经济社会发展，"在加快数字化转型中，塑造高质量发展新动能新优势"。

（三）数字化创新推动生产力质的跃升和量的增长

数字技术从根本上改变了生产和服务的方式，带来了显著的效率提升和成本降低。这种转变不是简单的技术更新，而是通过技术创新推动生产力进步，实现了生产方式和业务模式的全面变革。主要体现在以下方面。

一是提高效率水平。数字技术特别是自动化和人工智能，能够加速生产流程，提高工作效率。机器人和自动化生产线可以实现连续不间断的生产，同时减少误差率和提高产品质量。

二是实现精准管理。利用物联网（IoT）技术，企业可以实时监控生产过程中的各个环节，精确控制原料使用、能源消耗和工作进度。这种实时数据的获取和分析有助于优化资源配置，提高效率、减少浪费。

三是创新商业模式。数字技术促进了新商业模式的创新，如按需生产、个性化定制和全流程服务化。这些模式允许企业更灵活地应对市场需求，提供更加个性化的产品和服务，从而增强竞争力。

四是人力资源优化。数字化不仅优化了生产过程，也改变了人力资源的管理方式。通过在线培训平台和数字工具，员工可以更加灵活地学习新技能，全面提升数字素养和技能。同时，远程工作技术也使得企业能够吸引全球人才，优化人力资源配置。

通过这些变革，数字化创新不仅推动了生产力质的跃升，也为企业提供了在全球竞争中取得优势的新路径。其质的跃升不仅影响了单个企业的运营效率，也在宏观层面推动了经济转型发展，从而为新质生产力发展奠定坚实基础。

二、新质生产力的核心要义

新质生产力是习近平经济思想的重大创新，是生产力理论的丰富和发展，是建设现代化产业体系、实现高质量发展的基本遵循。

（一）创新意义

新质生产力既是一个全新概念，又赋予生产力新的内涵，揭示了数字时代生产力发展的规律，并成为创新发展的指导方针。其创新意义主要体现在以下几个方面。

第一，对生产力本质的深刻揭示和高度概括。从先进生产力到新质生产力，反映了从"势态"（趋势性变化）到"质态"（质的有效提升）的跃升，更加体现集成性、体系化。

第二，发展新质生产力要求新型生产关系与之相适应。生产力决定生产关系，生产关系反作用于生产力，二者相互作用、相辅相成，只有协同发力才能推动经济社会协调发展。

第三，新质生产力与高质量发展相对应，更加体现新质生产力对高质量发展的重要支撑作用，强调了只有加快发展新质生产力，才能真正实现高质量发展。

（二）基本原则

"因地制宜发展新质生产力"，重在从实际出发，立足当前发展实际，着眼未来发展大局，务实进行战略抉择。基于此，目前全国各省、自治区、直辖市相继推出发展新质生产力"计划书"，并提出发展的目标和任务。

其发展总原则是要统筹传统产业升级、新兴产业壮大、未来产业培育，着力促进创新链、产业链、资金链、人才链深度融合。

1. 推动科技创新与产业创新深度融合。建立以企业为主导、需求为牵引，产学研协同创新的科研成果转化机制。"要以科技创新引领产业创新，积极培育和发展新质生产力"。加强重大科技攻关，增强产业创新发展的技术支撑力。新一轮科技革命推动科技要素加快变革和迭代，正在深刻改变人类社会的生产方式和发展模式，同时也在催生新质生产力。

2. 坚持新兴产业和传统产业融合发展。以技术改造和数字化为抓手，加大传统产业转型升级的力度，打造独具特色的产业集聚区，形成一批战略性新兴产业和未来产业集群，成为新质生产力集聚发展的高地。要把创新落实在产业发展上，"加快科技成果向现实生产力转化"。

3. 打造具有国际影响力的科创中心，使之成为新质生产力的策源地。"构建上下游紧密合作的创新联合体，促进产学研融通创新。"打造面向全球的双向开放枢纽，推动国内外高端要素高效集聚、配置、增值，不断提高聚合力，为新质生产力提供资源支撑。

4. 开辟融通协同发展新路径。依托比较优势争取合作优势，放大竞争优势。通过线上线下融合发展，促进产业要素合理组合、产业链融通匹配、产业体系协同高效。

5. 打造数字经济高地。以数字技术赋能产业发展，促进数实深度融合；开展"人工智能+"行动，打造具有国际竞争力的数字产业集群；全面推进制造业数字化转型，加快工业互联网规模化应用,推动广泛深入的数字变革,全面提升数字化水平。

6. 要以深化改革为动力。着眼于加快形成与新质生产力相适应的新型生产关系,打通制约优质生产要素流动的堵点卡点,激发各类生产要素活力,提升先进优质生产要素配置能力,为发展新质生产力提供强有力支撑。

(三) 核心逻辑

新质生产力是由技术革命性突破、生产要素创新性配置、产业全面转型升级、数智化深度融合催生的当代先进生产力。其核心逻辑可以概括为:科技引领、创新驱动、产业升级、数字赋能。

科技引领:科学技术是第一生产力。新质生产力首先是技术革命性突破催生的,新一轮科技革命推动科技要素加快变革和迭代,正在深刻改变人类社会的生产方式和发展模式。培育发展新质生产力,迫切需要厘清颠覆性技术与新质生产力的关系,认识颠覆性技术催生新质生产力的实现路径。打好关键核心技术攻坚战,使原创性、颠覆性科技创新成果竞相涌现,加快实现高水平自立自强。

创新驱动:新质生产力是生产要素创新性配置的结果,是创新起主导作用、对经济社会发展影响广泛而深远的前沿科技创新驱动而成。习近平总书记强调指出:"必须加强科技创新特别是原创性、颠覆性科技创新""培育发展新质生产力的新动能"。

产业升级：新质生产力源于产业深度转型升级，以全要素优化组合、整体跃升为标志，体现了产业革命的大趋势。在传统产业转型升级的基础上，战略性新兴产业和未来产业日益成为产业发展的主动力，成为培育和发展新质生产力的主阵地。

数字赋能：新质生产力以数字化为关键变量和实现路径，数字技术和数据资源成为关键生产要素，从底层改变传统生产力发展的基本逻辑。以数字技术催生新质生产力，要推动实施智能化改造、数字化转型，实现个性化定制、平台化设计、网络化协同、数字化管理。

（四）目标指引

技术整合应用：新质生产力更加强调通过集成应用新技术来实现生产方式的根本性变革。以 AI 和机器学习为代表的数字技术，能够优化生产过程，提升产品和服务的质量及创新速度，更好体现新质生产力的核心内涵。

数据驱动决策：数字化创新使得数据分析和实时信息的利用成为常态，基于大数据进行更精准的市场预测和科学决策。这种数据驱动的方式是新质生产力的重要特征。

提高运营效率：数字化工具和解决方案，如云平台和智能软件的运用，可以显著提高企业生产运营效率，降低综合成本，提高生产效率。这也是新质生产力的主要目标。

创新业务模式：数字化创新不仅改变了传统的生产方式，还催生了全新的业务模式，如共享经济、平台服务和网络直播等。这些新模式依赖于强大的数字基础设施，贯通供给与需求，形成市场倍增效应。同时，这些新方式、新场景也是新质生产力的直接表现。

推动可持续发展：数字化创新还助力企业实现更环保和可持续的生产方式。例如，通过数字技术优化能源管理和物料利用，降低能源消耗、减少废弃物排放，提高整体环境质量。这也是新质生产力的根本要求。

因此，新质生产力和数字化创新是相辅相成的，数字化创新推动了新质生产力的发展，同时新质生产力也驱动了数字化技术创新，两者协同推进经济高质量发展。

三、数字化创新与新质生产力互动发展

数字化创新与新质生产力之间的互动效应是相互促进和持续优化的。这种互动不仅推动了微观领域效率提升和效益增长，也在更广域的社会经济环境中产生了深远的影响。

（一）互动发展的实证分析

1. 数字技术提升生产力水平。数字技术如 AI、机器学习、物联网和云计算等，提供了强大的数据处理能力和实时信息流通，在提高效率的同时可以实现全流程精细化管理和资源优化，从而整体提升生产力水平。

2. 生产力发展促进数字技术创新。随着生产力的提升，企业对于更高效、更智能解决方案的需求增加，这反过

来又推动了技术的持续创新和发展。特别是新质生产力源于创新长于创新，与数字技术创新密不可分，生产力发展引致创新需求，创新的深化不断提升生产力水平，两者在这种供需互动中实现高效协同。

3. 效益提高与技术普及。数字化创新通过降本增效，增加了企业的经济效益，进一步增强了企业创新的主动性，并把更多资源投入到技术研发和创新中。同时，成功的数字化实践成为样板，可以被其他企业和行业学习借鉴，从而进一步扩大技术普及效果，并形成创新联动效应。

4. 提高应对环境变化能力。数字化技术改变了市场结构和消费者行为，企业必须适应内外环境变化以维持竞争力。通过数字技术加持新质生产力，不仅能有效应对市场变化，更能预测和引领消费趋势。例如通过大数据分析消费者偏好，提供定制化产品和服务。

5. 提高效率、优化结构。数字化使得线上线下相结合、远程工作成为常态，在全面提升运营效率和质量水平的同时也促进组织结构优化。组织结构网络化、扁平化进一步与数字化创新相适应。

6. 绿色效应最大化。数字化创新支持实现更加绿色的生产方式，这不仅符合环境保护的要求，也增强了企业的社会责任。例如，利用智能系统减少能源消耗，通过更有效的物流管理减少碳排放，从而进一步增强了主体可持续发展能力和履行社会责任的自觉性，进一步推动绿色生产力发展。

这种互动效应表明，数字化创新与新质生产力的关系是相互促进、共生协同，在互动中共同推动技术进步、结构优化和经济发展。这种相互作用不局限于产业和区域，而是在全球范围内呈现出广泛的影响力。

（二）互动发展的内在逻辑

数字化创新不仅是技术的进步，更是一种经济和社会变革的驱动力。在数字经济条件下，新质生产力反映了技术驱动的生产力增长，特别是通过数字技术创新形成叠加效应。这些技术创新包括但不限于人工智能、大数据、云计算、物联网和区块链等，它们共同构成了推动经济和社会向更高效率和更智能化方向发展的基础。主要有以下几个关键点。

核心动力：新质生产力是推进高质量发展的新引擎，具有高科技、高效能、高质量特征。加快发展新质生产力，对于实现高质量发展具有强劲的推动力、支撑力。

内在要求：以科技创新为引领，推动科技创新与产业创新深度融合。统筹传统产业、新兴产业、未来产业有序发展，在更大范围内构建促进多链融合、协同共创的新格局。以原创性、基础性研究，激活原始创新的源头活水，着力推动科学发现和技术创新。

立足实际："因地制宜发展新质生产力"，不是忽视、放弃传统产业，也不是单一"模式化"。而是要从实际出发，通过数字化创新把比较优势发展为竞争优势，围绕发展新质生产力布局产业链，形成产业集群发展。

(三) 新质生产力深化数字化创新

新质生产力不仅推动企业更全面地利用现有技术,还不断激发对新技术的需求,从而进一步推动数字化创新持续深入。

1. 驱动创新需求。新质生产力通过实现更高的效率和生产力,揭示了现有技术的局限性和未来发展的潜在方向。同时,也提出了创新需求方向,激励创新主体加大投入开发新技术,来满足日益增长的生产和管理需求。如更智能的 AI 算法、更高效的数据处理工具等。

2. 促进技术融合。在新质生产力的推动下,不同技术的融合成为常态,如物联网、大数据和云计算的结合,其融合创新开辟了新的应用场景,促进数字化技术的深层次发展。

3. 优化资源配置。新质生产力促使企业更精确地了解和管理资源,数字技术如智能传感器和实时监控系统的应用,使得资源配置更加精准高效,实现技术资源利用效率最大化。

4. 拓展创新边界。新质生产力的目标要求使得企业主动探索前沿技术和未知市场,进行更广泛的实验和科研活动,从而不断深化数字化创新并扩大技术成果应用范围。

5. 加强竞争合作。在全球范围内,新质生产力的竞争推动了企业竞合发展,促使企业寻求更先进的技术解决方案来维持竞争优势,这种竞争与合作有助于技术的快速进步和应用普及。

总之，新质生产力的提升和数字化创新的深化相辅相成，共同推动了企业、行业乃至整个社会的技术进步和可持续发展。这种互动效应表明，数字化创新不仅是技术的进步，更是一种经济和社会变革的驱动力。

四、加快发展新质生产力 推进现代化产业体系建设

新质生产力是推动现代化产业体系建设的重要力量，也是现代化产业体系的核心支撑。建设现代化产业体系对于一个国家的现代化进程具有基础性、战略性的重要作用。一方面通过产业体系现代化全面提升经济发展水平，从而奠定现代化国家的强大物质基础；另一方面，产业体系现代化以技术创新为核心引擎，以新质生产力为重要支撑，在推动形成发展新动能和竞争新优势的同时，奠定现代化国家的强大技术基础。

（一）新质生产力要求体系化创新

当前，加快发展新质生产力、全面提升产业现代化水平，推动产业体系优化创新，为现代化产业体系建设提供了更大的发展空间。通过新质生产力加持，会进一步加快产业体系现代化进程；通过现代化产业体系建设，有利于推动新质生产力健康发展。

应当看到，发展新质生产力是重大突破性创新，会对现有产业体系带来格局化影响，甚至面临一些显性或隐性的阻

力。因此，要通过深化改革破除不相适应的体制机制，要建立高标准市场体系、创新生产要素配置方式，让各类先进优质生产要素向发展新质生产力顺畅流动。同时，要按照发展新质生产力要求，畅通教育、科技、人才的良性循环，完善人才培养、引进、使用、合理流动的工作机制。还要扩大高水平对外开放，为发展新质生产力创造良好国际环境。

生产关系必须与生产力发展要求相适应，发展新质生产力，必须进一步全面深化改革，形成与之相适应的新型生产关系。

（二）以"数实融合"为路径，推动新质生产力走深走实

随着 AI 大模型技术应用，赋予"数实融合"新内涵并推动形成第三次"数实融合"深入发展。这既是新质生产力场景化的新实现，也是数字化的新发展。

从我国数字化发展的实践看，其技术基础和主要融合领域及其重点出现三次"数实融合"。

第一次"数实融合"侧重于"产业数字化"，主要体现在用数字技术改造提升传统产业，这是量大面广的数字化转型过程。由于不同区域和产业领域的基础不同，其"数实融合"路径和方式也不尽相同，融合效果的差异性比较明显。但总体上体现了数字赋能实体经济的效能，使得企业通过导入数字技术实现了关键领域和重要环节的改造提升，产业数字化效果比较明显。2022 年，我国产业数字化增加值约为 41 万亿元，同比增长 10.22%，占 GDP 比重 41.5%。同期，我国三次产业渗透率分别达到 10.5%、24.0%、44.7%，其中制造业数字经济渗透率为 24%，比 2016 年增长 6.2 个百分点。截至 2022 年底，全国具有影响力的工业互联网平台超过 240 家，双跨的平台增加到 28 家。新增了 72 家特色型工业互联网平台，重点平台连接的设备超过 8100 万台（套），工业 App 数量超过 60 万个，服务的工业企业超过 160 万家。在此基础上，工信部要求，到 2025 年企业经营管理数字化普及率达到 80%，关键工序数控化率达 68%。这将大幅提升产业数字化水平，切实推进"数实融合"走深走实。

第二次"数实融合"重点突出"协同推进数字产业化和产业数字化"，主要体现在通过数字化实现产业流程再造。这是产业整体转型升级的关键，要从工业化流程转型到数字化流程，需要对产业体制机制进行根本性改造。适应数字化要求再造流程、重构体系，实现效率优先的"现代化+数字化"的产业模式。2022 年，我国数字产业化增加值规模达 9.2 万亿元，比上年增长 10.3%，占 GDP 比重为 7.6%。数据显示，2023 年数字经济核心产业销售收入同比增长 8.7%，比 2022 年提高 2.1 个百分点。全国企业采购数字技术同比增长 10.1%，比 2022 年提高 3.2 个百分点。表明企业层面"数实融合"力度进一步加大，企业的主动性明显增强。

第三次"数实融合"就是运用 AI 大模型实现产业体系智能优化。从创意到创新、从生产到市场、从组织到服务，全体系智能优化，重在营造产业化新生态、智能化新场景。随着AI大模型的广泛应用，未来10年最大的机会就在于云、AI与物理世界的融合。因此，数智化成为第三次"数实融合"的典型特征。也就是要以"产业智能化"为主攻方向，推动"AI大模型+制造业"融合创新，促进AI大模型以更低门槛、更高效率，打通制造业的一个个数据断流节点，推动数据在研发、生产、配送、服务等环节高效畅通流动，从更深层次推进数实深度融合，全面提升我国智能制造水平。

目前，我国在制造业智能化方面具备一定基础。数据显示，5G应用已融入97个国民经济大类中的71个，工业互联网覆盖全部41个工业大类，由此形成的丰富应用场景，为AI大模型规模化应用和第三次"数实融合"奠定坚实基础。

可预期的是，AI大模型可以强化我国制造业规模大、门类齐、链条全、应用场景丰富等基础优势，在加速生产过程智能升级的同时，可以强化组织协同，推动实现"智能协同生产"。从生产制造各环节的协同到产业链上下游的协同，实现产品设计、制造等环节的并行发展。此外，可以把人从重复性的工作中解脱出来，从而将更多的创造力和精力投入到更高价值的生产工作中，整体提升智能协同生产力，从而开拓新质生产力的新境界。

适应新质生产力优化数字营商环境，促进"数实融合"

杨 东

（中国人民大学元宇宙研究中心研究员）

李军梅

（中国人民大学区块链研究院助理研究员）

2024年4月30日，中共中央政治局会议强调"要因地制宜发展新质生产力。要加强国家战略科技力量布局，培育壮大新兴产业，超前布局建设未来产业，运用先进技术赋能传统产业转型升级。"在大力发展新质生产力的当下，传统法律规制体系正面临前所未有的挑战，数据要素确权难、数据主体激励不足、数据要素市场分割等问题成为数据要素潜力释放的瓶颈，也阻碍了数字经济与实体经济的深度融合。对此，必须将要素、技术、竞争结合起来，构建新的治理体系。加快培育适应新质生产力的数字营商环境，引导数据要素赋能实体经济，对深化经济高质量发展、优化现代化产业体系建设、推进中国式现代化宏伟蓝图具有深刻意义。

一、以发展新质生产力为导向优化数字营商环境

新质生产力的提出不仅是对我国当前经济发展动力的准确把握,更是对未来改革方向的深刻洞察。一方面,新质生产力是新发展理念下以创新驱动为原动力的先进生产力质态,具有高科技、高效能、高质量特征,是关键性颠覆性技术突破、数据等新型生产要素优化配置、产业数字化智能化转型升级而催生的经济增长和社会变革新动能。另一方面,在我国经济回升向好的关键阶段,新质生产力是重要的改革命题,围绕"十四五"规划中的"要发挥新型举国体制优势",将发展新质生产力与实现强国战略有机结合[①],统筹资源配置,破除体制机制障碍,成为深化改革的重要着力点。

数据要素是发展新质生产力的核心动能。近年来,数字技术、人工智能与先进制造业深度融合,新兴数字技术渗透到经济体的各个方面,数字经济蓬勃发展。国家主席习近平在致2023中国国际智能产业博览会的贺信中指出,"中国高度重视数字经济发展,持续促进数字技术和实体经济深度融合。"在新质生产力场景中,数据要素是促进新质生产力生成

---

① 杨东,何玥. 中国独特优势促进新质生产力发展[N]. 中国社会科学报,2024-03-22(A06).

的关键要素，数据要素与劳动者、劳动资料和劳动对象结合，与劳动力、技术、资本等生产要素相结合，能够在生产、流通、消费、分配各个阶段产生价值增值，推动生产力质态优化升级。因此，切实发挥我国新型举国体制和海量数据的优势，大力发展数字经济，对加速新质生产力生成至关重要。

良好的营商环境是引导生产要素流动、释放市场主体活力、协调市场经济发展的关键举措，党的十八大以来，我国营商环境建设法治化程度不断提高，党的二十大报告提出"完善产权保护、市场准入、公平竞争、社会信用等市场经济基础制度，优化营商环境"，为进一步优化营商环境指明了方向。作为社会生产关系的重要组成部分，营商环境优化应以提高生产力为前提，适应生产力的变化和发展。随着新质生产力理论与实践的发展，优化数字营商环境的举措也应以培育新质生产力、释放数字经济潜力为导向，在党的集中决策和组织动员下，围绕国家数字战略科学布局，运用制度和机制鼓励科技创新，健全数据要素参与收入分配机制，激发市场主体活力，实现数据要素驱动科技创新跃升形成新质生产力。

当前，我国数字营商环境建设已经取得较大成效，具体有以下表现。第一，数据知识产权登记探索。为加强数据知识产权保护，北京市、浙江省、广东省等地出台管理办法，建立登记平台，创新审查模式，在健全登记信息共享、探索跨省协同机制等方面取得积极实践经验，截至2023年底，各地已颁发数据知识产权登记证书5000余张。第二，数字金融深化数据要素价值实现。2023年12月，中国人民大学联合中国光大银行发布数据要素最新成果《企业数据资源会计核算实施方案》和《商业银行数据要素金融产品与服务研究报告》，为深化数据要素市场改革、促进数据要素自主有序流动提供有力支持，促进数据要素探索实践，推动数据要素资产化进程。第三，数据要素专区建设。2023年2月，杭州高新区（滨江）宣布启动建设"中国数谷"。一年来，"中国数谷"在构建"三数一链"、构建包容审慎监管制度、探索数据资产变现的有效路径和数据跨境自由流动等方面展开实践探索，打造全球数据要素治理引领区、应用场景示范区和数据要素产业集聚区。第四，地方立法激活数据要素潜能。2024年1月26日，浙江省第十四届人民代表大会第二次会议通过《浙江省优化营商环境条例》，其中采纳了笔者的"共票"思想[1]，不仅为数据集合权益登记提供了法规制度依据，而且加快了数据要素市场建设，探索完善数据权益、价格形成、流通交易等制度，推动数据资源禀赋向高质量发展优势转化。

此外，《市场监管部门优化营商环境重点举措（2024年版）》提出维护公平市场竞争环境、保护各方主体权益等多维度改革方向，进一步回应了在法治轨道上优化营商环境的

---

[1] 杨东."共票"：区块链治理新维度[J].东方法学，2019（03）：56-63.

要求，也对进一步优化数字营商环境，推进新质生产力实现，促进"数实融合"提出了新要求。

二、多措并举打造系统集成的数字营商环境

优化数字营商环境是一项系统化工程，要坚持整体导向，树立体系思维，围绕新质生产力发展，重点把握提升数字营商环境法治化水平、规范数据要素市场秩序和创新多元协同治理机制三个维度。

在提升数字营商环境法治化水平方面，要加快推动数字经济立法，弥补传统法律体系在数字治理领域的缺失。第一，在现有《中华人民共和国个人信息保护法》《中华人民共和国网络安全法》《中华人民共和国电子商务法》等的基础上，结合理论与实践，进一步探索出台《数字经济促进法》，通过专门立法系统化明确数据产权界定与保护、数据要素交易与流通、数据价值实现与分配等问题的法律规则，并建议制定统一的操作标准和具体要求，确保数据要素、数字经济有法可依，使其能够在法治轨道上促进新质生产力发展，实现与实体经济的深度融合。第二，做好现行经济法体系与数字经济的衔接，当前数字经济领域仍存在大型数字平台流量垄断、数据不正当竞争等扰乱竞争秩序、阻碍协作创新的乱象。例如，"菜鸟驿站诉拼多多不正当竞争案"中法院认定拼多多劫持了菜鸟系统所涉线上 App 软件的网络流量、客户数据和相应收益，会削弱菜鸟驿站的竞

争能力和竞争优势[①]。这体现了在现代末端物流系统数字化发展的背景下，加强合法经营者权益保护与促进数据共享和数据价值实现的迫切的现实法律规则需求。又如，大型数字音乐平台利用其独家版权模式扩大竞争优势，进一步强化其议价能力和市场力量，产生垄断效果。因此，应在《中华人民共和国反不正当竞争法》《中华人民共和国反垄断法》修订过程中填补数据垄断、数据竞争等领域的监管空缺，促进主体间互联互通和收益共享。第三，明确公平、高效、透明的立法原则，数字经济的共享性和普惠性是法治创新、质优的新质生产力的重要驱动，推进数字经济领域立法必须坚持公平公正、透明规范的价值导向，兼顾效率与公平。

在规范数据要素市场秩序方面，传统的市场机制和价格机制依旧在发挥作用，但是这种机制是有局限性的。新兴的价值创造、共享机制加上生态平台在逐渐成为主体，新兴的价值共享和数据驱动的竞争生态正在形成，比传统的市场机制更具有创造价值的优势。对此，一方面要推进全国统一数据要素市场建设，制定统一的数据交易标准，促进数据交易平台之间可以实现互通互认，并建立健全交易登记结算体系，确保数据交易的合法性和规范性。另一方面要明确数据交易监管机构的职责和权力，包括市场准入审核、数据安全监管、数据滥用打击、交易纠纷调解等，同时构建与高质量

[①] 参见浙江省人民法院民事判决书，（2023）浙民终1180号。

发展要求相适应、体现新发展理念的新型事前监管工具[①],防止数据交易中的欺诈和违规行为。针对具体路径选择,可以借鉴广东省正在实践探索的两级数据要素市场,构建政府主导的一级市场和市场主导的二级市场。一级市场聚焦公共数据的开放与运营,将公共数据转化为数据要素,最大程度释放公共数据核心价值;二级市场注重聚焦数据交易场所、数据权益及交易机制、数据经纪人以及市场监管等一系列制度建设,追求在数据挖掘、脱敏、分析的基础上实现数据资源高效利用,推动产业创新发展。

在创新多元协同治理机制方面,应采取一系列措施来加强数字化合作、优化资源分配、加强监管、提升透明度以及鼓励多元共治。在大力发展新质生产力的同时,要坚持践行以人民为中心的发展思想,确保发展成果能够惠及广大人民群众。具体而言,要搭建数字经济合作平台,通过开放包容、互利共赢的平台通道,汇聚各方智慧和资源,打破信息孤岛。同时,要加强政府对数字化创新领域的监督和管理。应创新基于新技术手段的监管模式,提高监管效率和准确性,实现事前事中事后全链条全领域的公开透明监管,通过系统化的监管机制,保障创新活动的合法性和规范性,维护数据要素市场秩序和公平竞争,保障新质生产力健康规范发展。另

---

① 黄尹旭,杨东.超越传统市场力量:超级平台何以垄断?——社交平台的垄断源泉[J].社会科学,2021(09):100-108.

外，还要健全信息公开和透明的机制，建立完善的政府信息公开制度，及时发布创新政策、项目进展和创新成果等信息，提高数字应用、技术创新的透明度，吸引各方主体参与创新。

三、制度创新驱动"数实融合"

数据要素是数字经济中整合各种生产要素，催化科技创新和生成新质生产力的基础，也是数字经济与实体经济的连结点。然而数据本身的可复制性、非排他性和动态性等独特性质导致数据要素确权难、数据权益保护难、数据收益分配难，阻碍了数据要素的流动和共享。同时，数字技术与传统产业脱节、制造业数字化渗透不足也导致企业数字化转型难。另外，数字平台垄断、数据基础设施供给不足等问题使数字经济与实体经济融合不深。对此，应结合新质生产力生成和发展，探索推动数字经济与实体经济深度融合的创新制度安排。

首先，要构建兼顾登记和激励功能的新质数据知识产权制度。传统经济形态下，创新性成果的认定标准较为统一、权利关系相对清晰、登记效力基本成熟，但"确权—交易—市场"的模式难以有效促进数据要素流动，应探索新质数据知识产权制度发展新方向。在"数实融合"模式下，新质数据知识产权承载了数字技术和前沿科技创新，与劳动者、劳动对象和劳动资料结合，赋能生产要素的创新提升。对于劳动者，新质数据知识产权中蕴含的数据劳动是劳动者创新性生产的成果，同时数字技术、信息技术依托于互联网和移动终端的运用大幅提升了劳动者的劳动能力。对于劳动对象，新质数据知识产权在传统劳动对象中融入数据、算力、算法，促进产业数字化发展，优化实体经济价值创造模式和产业生态。对于劳动资料，新质数据知识产权的开发利用优化了劳动协同方式，提高了生产效率，改善了供给质量，有效解决了供需不匹配问题。在具体安排上，新质数据知识产权一方面立足新质生产力生成过程，围绕"数据资源—数据产品—数据资产"的全生命周期进程，对尚无法满足知识产权法登记规定的数据资源、数据资产、数据产品，通过对其赋予收益凭证，予以兜底式的动态保护；另一方面在"利益—共享—生态"模式指引下，打造开放安全、互联互通、智慧协同、韧性包容的循环体系，通过收益的公平分配激活多元主体参与创新，实现新质生产力价值的可循环生态。

收益分配机制是新质数据知识产权的关键和核心，新质数据知识产权和传统知识产权融合交叉，根本上要解决的还是价值创造和收益分配问题，探索"利益—权利"双元共生范式[①]。对此，要借助中国原创共票理论，形成收益分配机制。2023年11月，中国移动咪咕以共票理论和区块链技术为支撑，正式发布5G视频彩铃"视彩号"确权系统，实现原

---

① 黄尹旭，杨东. "利益—权利"双元共生："数据要素×"的价值创造[J]. 中国社会科学，2024（02）：47-64，205.

创网络作品从确权登记、版权全网监测到侵权维护的一站式版权保护服务[①]。在共票理论的指导下,"视彩号"的经济模式体现"众筹"思想,集支付清算、资金融通、协同管理功能等于一身,打造开放、平等、共享的新业态,用户在其中通过智能合约享受红利分配,实现前沿技术和数字经济下参与者利益共享和多利益相关者的激励相容。咪咕基于数字人创作 AIGC 音乐,消费者对音乐点赞、转发、创作改造、传播,每一位内容创造者、加工者、传播者均应得到相应的利益分配,这就是共票理论的核心。

其次,要加强数字基础设施建设,释放数据要素潜力。数字基础设施是顺应数字经济发展和促进新质生产力生成的制度安排和基础设施,具有高速、可靠、安全和可持续的数字通信和信息处理能力,是实现产业数字化转型的重要支撑,也是数字图景新业态建立的基础[②]。可以进一步探索数据空间作为新兴数字基础设施的建设,更好汇集、共享、利用数据要素,充分实现数据要素价值,推动"数实融合"。加强数字基础设施建设应从推动技术创新与研发、完善数字基础设施布局、加强网络安全保障和推动数据资源共享与开放等多方面着手。

---

① 新华网. 中国移动咪咕发布 5G 视频彩铃"视彩号"确权能力 开启一站式版权保护时代［EB/OL］.（2023-11-25）［2023-11-28］. http：//www.sc.xinhuanet.com/20231128/112b5a52ab784dbf99f4e5a695240312/c.html.

② 杨东,高清纯. 双边市场理论视角下数据交易平台规制研究［J］. 法治研究,2023（02）：97-110.

中国人民大学校友团队孵化了分布式算力去中心化机制，利用区块链技术，连接真实物理世界数据与分布式人工智能算力网络，通过构建 AI 数据架构为人工智能算力提供可信、安全的数据基础线路，人工智能算法实时分析和感知赋能多个智能应用场景，可以更好服务于全国一体化算力网建设。算力的迭代升级能够提高运算服务，优化算力资源统筹配置，充分挖掘数据要素价值，帮助企业科学决策，降低经营管理的成本，改进业务流程，提高生产效率，推动产业智慧化、数字化转型，为制造业产业升级注入强劲动能。同时，该机制发挥闲散算力的经济价值，通过社区共治机制、算力市场激励、模型安全共享、数据隐私保护等营造可信、高效、安全、开放的人工智能生态。

最后，要细化制造业数字化转型政策支持。笔者承担全国人大制度理论研究会数字经济立法课题，也继续参与《数字经济促进法》立法工作。《数字经济促进法》的制定将更好促进数据要素价值实现推动新质生产力，有利于经济高质量发展。制造业数字化转型是发展新质生产力的关键途径。当前，我国已出台一系列政策文件，明确保障和推进制造业数字化转型的政策导向，《数字经济 2024 年工作要点》提出"深入推进产业数字化转型，深化制造业智改数转网联，大力推进重点领域数字化转型，营造数字化转型生态"。2024 年 5 月，国务院常务会议通过的《制造业数字化转型行动方案》指出"制造业数字化转型是推进新型工业化、建设现代化产业体系的重要举措"。为进一步落实各项政策,需要以企业需求为导向,重点加快中小企业数字化转型。中小企业数字化转型需求迫切,应满足中小企业不同场景、不同级别的数字化转型需求,切实解决中小企业"不愿转、不敢转、不会转"的问题。另外,还应通过财政专项资金支持鼓励企业更新设备、加快智能化改造,降低企业转型成本,激发转型升级内生动力。

厚植新质生产力的绿色底蕴

史英哲

(中央财经大学证券期货研究所副所长)

2024年1月31日，中共中央政治局就扎实推进高质量发展进行第十一次集体学习。中共中央总书记习近平在主持学习时指出，绿色发展是高质量发展的底色，新质生产力本身就是绿色生产力。结合新质生产力的主要特征，我们要实现绿色生产力的发展，一是需要实现绿色技术的革命性突破，优化政策工具，推动绿色科技创新，做强绿色创新企业，促进绿色产业的高质量发展；二是需要优化配置生产要素，积极发挥绿色金融的牵引作用，打造高效生态绿色产业集群；三是建立与绿色发展生产力相适配的生产关系，加快社会发展方式的绿色转型，同时助力实现碳达峰碳中和的战略目标。

一、推动绿色科技创新和政策工具优化，走绿色发展道路

生产力进步的核心是科技创新。不断地实现科技创新，解决绿色发展中的卡点和难点，是绿色发展的重要抓手，也是绿色发展可持续的重要保障。新冠疫情之后的2023年，面对内外部压力，中国经济展现出较强的韧性，以新能源汽车、锂电池、光伏产品为代表的中国经济"新三样"出口合计1.06万亿元，同比增长29.9%。中国经济最近崛起的"新三样"，就是21世纪以来中国在绿色产业不断探索和发展的结果，在这二十几年的发展中，中国相关行业历经多个产业周期，有繁荣期的大力扩张追求规模，也有萧条期的众多企业淘汰破产，最后能够持续经营壮大的，都是致力于产业科技的不断创新，在创新中打造企业的新质生产力。

二十年前的光伏产业，受益于欧洲的光伏补贴带来的产业增长机会。国内当时出现了众多光伏企业，不少企业通过上市实现了财富神话，甚至从中诞生了当时的国内首富。然而，原材料、产品市场以及核心技术的"三头在外"，致使中国光伏产业早期的抗风险能力较弱。2008年的国际金融危机导致国外需求市场的萎缩，而随后的欧美"双反"调查更使出口市场受到重击，国内光伏行业的多家龙头企业由于缺乏核心技术和产业竞争力，在"三头"挤压中轰然倒下。但也有例外者，在行业低迷期的2011年，保利协鑫完成国产多

晶硅的技术突破，大幅降低了硅料成本，使中国光伏行业打破了上游技术的限制。同样在2011年，隆基决定在硅片切割技术上进行新的尝试，从成熟的砂浆切割技术转向昂贵且不成熟的金刚线切割技术。金刚线切割速度更快、效率更高，可降低单位硅片对硅料的需求，从而减少硅片单位投资成本。若采用砂线切割，除钢线外，还需要碳化硅、聚乙二醇、切割液等辅料，且有大量砂浆需回收处理。金刚线切割技术不但能提高效率、降低成本，还更节约、环保，是典型的绿色产业技术。通过技术创新，隆基在两年的时间里实现了金刚线切割工艺的产业化，拉开了光伏领域单晶硅替代多晶硅的序幕，进而也塑造了自己的行业地位。

随后国家通过支持政策打开国内光伏市场的增长空间，特别是2015年国家能源局实施"领跑者"计划，鼓励企业生产、交付高转化效率的电池和组件产品，通过激励先进技术和优质产品促使中国光伏行业加速进入自主研发时代。经过近十年的发展，以隆基为代表的中国企业在光伏领域不断创新并实现技术全球领先。2024年5月7日，隆基自主研发的光伏电池的光电转换效率达到27.3%，再次刷新自己多次创立的单结晶硅光伏电池转换效率的世界纪录。中国企业在多种电池技术路线上不断进取，在硅料生产的技术路线上也是敢于探索和创新，已经树立起我国光伏产业技术领先的国际地位以及产品质优价廉的国际影响力。另外，中国光伏产业的绿色创新技术发展大幅降低了光伏发电的成本，从原来一元多的度电成本降低到当前最低一角，使得光伏平价上网成为现实，光伏成为全世界人民既用得起又方便用的新型电力资源，这种代表新质生产力的新型能源必将造福全人类。

新能源汽车近年来的蓬勃发展之势，正在上演类似光伏产业通过技术创新推动行业不断进步并实现国际领先的发展过程。以宁德时代为代表的电池企业，通过技术研发实现了电池能量密度、安全性和循环寿命上的不断提升，迅速进入电池领域的国际第一梯队并逐渐占据领先地位。在智能化技术方面，新势力车企小鹏汽车与全球汽车企业巨头大众集团合作，并向大众集团输出智能驾驶的相关技术。此外，华为、蔚来等也都在智能驾驶技术方面进行了百亿级别的资金投入，众多中国企业在多种智能驾驶技术路线上布局、创新，甚至实现领跑。在电驱动系统方面，以比亚迪高端品牌仰望为代表的易四方电驱系统可以使得车辆实现原地转身、应急浮水，并在高速爆胎、冰雪路面等极端条件下实现安全驾驶，在2023年底一经登场即引爆整个行业，同时也代表着中国新能源汽车在整车技术上已经进入世界一流梯队。另外，中国新能源汽车在轻量化、充换电技术和模式、平台化开发以及产业链协同等方面都实现了快速超越。这些技术创新不仅推动了中国新能源汽车产业的快速发展，也增强了中国在全球新能源汽车领域的竞争力。2023年，中国汽车企业出口汽车数量达到了491万辆，同比增长57.9%，首次跃居全球第一。其中，新能源汽车出口120.3万辆，同比增长

77.6%。2024年第一季度,中国汽车出口132.4万辆,同比增长33.2%,继续快速增长,预计全年汽车出口量会达到600万辆。新能源汽车的创新发展,正在使中国的汽车业实现弯道超车,也在为世界的交通行业绿色转型贡献力量。

在以"新三样"为代表的绿色产业创新发展中,中国的政策工具也根据市场进展而不断优化与调整。以光伏产业为例,从最开始的光伏发电上网普遍进行补贴,到集中式电站补贴退出,重点补贴户用分布式光伏发电,再到主要补贴贫困地区户用光伏项目以实施光伏扶贫,中国的光伏补贴政策根据技术进展和成本降低而不断调整,最终实现光伏发电的平价上网。光伏的补贴政策基本上已经完成了历史使命。中国新能源产业的发展政策也因地制宜,国家利用西北地区优良的风光条件和辽阔的土地资源,总投资超过三万亿元,先后建设三批风光大基地项目,总计八年内规划落地4.55亿千瓦的集中式风电、光伏项目。这些政策充分发挥了西部潜在的新能源资源和土地资源,通过新能源项目来带动西部大开发,通过便宜充沛的新能源供给来引入硅料生产、电解铝、数据计算等高耗能的项目落地,为西部发展插上翅膀。另外,政策也鼓励企业在当地实践中不断创新发展模式,通过光伏治沙来改善沙地环境,通过"光伏+牧业""光伏+养鱼"来提升企业收入,促进农民增收。

新能源汽车的激励政策也是在不断优化中寻求最优解。最开始国家补贴新能源汽车的生产企业,虽然促进了企业对新能源汽车的投入，但也发生了一些车企骗补事件，无法更好地激励车企在新能源赛道上进行技术创新和满足消费者需求。通过总结经验，监管部门调整政策，把补贴企业转换为补贴消费者，通过新能源购车补贴、减免新能源车辆购置税、放松限购限行等政策来刺激消费者购置新能源汽车，通过消费者的市场选择来促进车企的创新发展。另外，补贴政策随着新能源汽车的竞争力提升和市场认可度上升而逐步退出，最终形成具有可持续发展的中国新能源汽车产业格局。

中国经济"新三样"的发展历程，见证了绿色科技创新成为新质生产力的发展动力，也见证了中国可以把握好国内大市场的规模优势，通过政策工具的创新与优化，促进企业在市场竞争中不断积极创新、开拓进取，培育具有国际竞争力的绿色产业。

二、发挥绿色金融的牵引作用，打造高效生态绿色产业集群

在支持绿色低碳发展的经济政策工具箱中，金融政策是非常重要的工具手段。要发挥好绿色金融的牵引作用，把生产要素有效配置到绿色产业，发展具有竞争力的绿色企业，从而打造中国高效的生态绿色产业集群，支撑中国经济的绿色发展和绿色转型。

2016年，中国人民银行等七部门发布了《关于构建绿色金融体系的指导意见》，意味着中国开始建立绿色金融的发展

体系。以绿色标准为基础,以信息披露为手段,绿色金融实现了以绿色债券、绿色贷款为主要代表的各种金融工具的快速发展,各种金融工具不断实现绿色创新应用,多个地方以及机构积极深度参与绿色金融研究与探索,中国与世界不断加强绿色金融的广泛对话与合作,已经把中国的绿色金融打造成了一张世界名片。

作为最具代表性绿色金融工具的绿色债券,2016年首发之年的市场规模仅为两千亿元,但已经幸运地成为当年最大的绿色债券发行市场。到了2023年,中国绿色债券的贴标绿债发行规模为8448亿元,凭借近几年皆超过八千亿元的贴标绿色债券发行,中国已经成为名副其实的全球最大绿色债券市场。绿色债券作为证券的一种,是观察金融工具支持绿色产业的有力视角。2016年市场上的绿色债券八成是金融债,而近些年绿色金融债占比已经不到一半,这体现了市场更多地通过债券这种金融工具逐渐地把货币资源直接注入了绿色企业和绿色项目中,支持社会的绿色发展。2016年绿色债券募集资金大部分用在了绿色基础设施的更新与建设上,包括绿色交通、环境治理、管道管廊修建等。而在2023年,清洁能源产业已经成为绿色债券的主要资金投向,规模超过1700亿元。绿色债券发行人和募集用途的结构变化,反映的是中国绿色发展的变化——从最开始的环境治理和改善,到新能源行业的发展,再到绿色产业和绿色制造的兴起。

绿色贷款是绿色金融的最大载体。据中国人民银行统计，我国本外币绿色贷款余额从2017年末的7.1万亿元增长至2021年末的15.9万亿元，年均复合增长率达17.5%。2017—2021年，绿色贷款不良率最高为2019年的0.73%，最低为2021年的0.13%，平均不良率为0.4%，不及商业银行贷款整体不良率的1/3，这充分说明了绿色贷款的投向代表着新质生产力的发展方向，是高质量的金融资产。当金融资本用来支持新质生产力，就意味着社会资源的优化配置，如此既能够成就社会和地区的发展，也能够成就金融自身的可持续发展。2023年末，本外币绿色贷款余额30.08万亿元，同比增长36.5%，高于各项贷款增速26.4个百分点。分用途看，基础设施绿色升级产业、清洁能源产业和节能环保产业贷款余额分别为13.09万亿、7.87万亿和4.21万亿元，同比分别增长33.2%、38.5%和36.5%。和绿色债券的发展趋势类似，清洁能源的融资规模体现了更快的发展趋势。

股权市场的融资规模虽然无法和信贷市场、债券市场相比，但股权融资的优势和股票市场的特点，更能鼓励企业的创新发展，是绿色金融非常重要的组成部分。以隆基、阳光电源为代表的新能源产业的领跑者，在股票市场上给股东带来了十年十倍的回报。管理者越有企业家精神，企业越有创新意识，资本市场就越能给出正反馈的激励。宁德时代2018年6月股票上市，一方面在短短三年里给股东实现了二十倍的回报；另一方面也借助股权融资加大科研创新力度，做大产业规模，成为国际动力电池行业的领军企业。宁德时代不仅把宁德地区打造成为新能源产业的聚集地，还大大促进了福建省绿色产业的高效聚集和高质量发展。

2024年3月，中国人民银行等七部门发布《关于进一步强化金融支持绿色低碳发展的指导意见》，明确了我国金融支持绿色低碳发展的主要目标——未来5年，国际领先的金融支持绿色低碳发展体系基本构建；到2035年，各类经济金融绿色低碳政策协同高效推进，金融支持绿色低碳发展的标准体系和政策支持体系更加成熟，资源配置、风险管理和市场定价功能得到更好发挥。这意味着我国金融体系将深化开展绿色金融业务，从原来的自愿开展绿色金融业务到把绿色低碳纳入市场定价和风险管理中，势必促进整个金融体系加大对绿色低碳产业的资源配置力度。在绿色金融的牵引作用下，绿色高效的新质生产力必将迎来快速发展。

三、加快发展方式绿色转型，助力碳达峰碳中和

绿色金融发展，一方面通过资源配置助力新质生产力的绿色发展；另一方面通过资本市场的公众效应、金融机构的中介效应，以及金融产品的普惠效应向社会和企业普及宣传绿色理念和绿色发展意识，这些都大大促进了我国社会的绿色发展。2020年9月，中央提出碳达峰碳中和，即"双碳"目标之后，中国进入绿色发展的新时期：在十年内实现碳达峰，在三十年内实现碳中和。这也更迫切需要加快实现绿色

转型。

为响应"双碳"目标的号召,银行间市场在2021年2月就推出创新型债券产品"碳中和"债,为具有明显符合碳中和目标的项目提供融资便利。首批除了典型的新能源发电项目外,还有四川机场集团的建设项目,该项目募资全部用于成都天府国际机场的综合性绿色交通基础设施建设项目,计划在给排水系统、雨水利用、新能源利用、新能源汽车等方面体现绿色机场的属性,预计每年可减排1.97万吨二氧化碳。天府机场的这个项目就体现了机场的绿色转型。虽然航空领域是减碳较为困难的行业,但我国先从航空机场入手,利用宽广的机场建筑顶面进行光伏发电,户外的交通工具用新能源车辆替代,尽最大可能使航空领域实现减排低碳。自2021年以来,越来越多的机场进行绿色建设或者绿色改造,包括大兴机场、浦东机场、虹桥机场等。打造"绿色机场",提升中国航空业的"含绿量",已然成为航空业的发展任务,也成为民航业展示中国绿色发展的一张名片。

交通领域除了绿色机场建设以外,新能源汽车、电气化高铁、共享单车等绿色交通出行已经成为中国当前流行的交通出行方式,也将很快成为交通的主流方式。这体现了中国在交通出行领域的绿色转型发展。能源方面,2023年我国可再生能源发电装机容量占比超过总装机的一半,新能源发电量增速远超社会发电的平均增速,新能源电力在未来将成为电力生产的主力军,这体现了中国在能源行业的绿色转型发展。2024年5月国务院印发了《2024—2025年节能降碳行动方案》，除能源行业、交通领域之外，还对钢铁行业、化工行业、有色金属行业、建材行业等主要排放耗能行业以及建筑、公共机构、用能产品设备的节能提出具体要求和行动目标。各行各业实现发展方式的绿色转型，已经不再是可选项，在实现"双碳"目标的道路上这已经是企业和机构的必选路径。站在人类社会可持续发展的角度上，在"双碳"目标下的绿色转型发展，孕育着广阔的市场机遇。

新质生产力是推动新能源产业高质量发展的重要引擎

张天任

（全国人大代表、天能控股集团董事长）

中国经济已经进入新的发展阶段，有机遇也有挑战。无论是推动高质量发展，还是实现产业自立自强，都需要在科技进步的基础上，培育和形成新的驱动力。这种新的动力引擎就是新质生产力。

新质生产力的本质是先进生产力，是生产力发展到一定阶段后的质变和跃迁，能够提升全要素生产率，进而推动经济高质量发展。新质生产力的内涵很丰富。既有科技创新、数字经济、人工智能等"物"的因素，也有新型技术工人、高层次科研人才等"人"的因素。这些因素相互作用、相互促进，推动生产力进步。

无论是传统产业还是新兴产业，都能形成新质生产力，也都需要借助新质生产力实现高质量发展。新质生产力可以促进传统产业转型升级，也能推动新兴产业加快发展。

新能源电池产业作为现代能源体系的核心支撑之一,正以前所未有的速度蓬勃发展。它不仅涵盖了铅电、锂电等传统制造业板块,还涌现了氢电、钠电、储能技术,以及电池综合再生利用等新兴领域,构成了一个多元化、多层次的产业生态。在这个日新月异的行业中,如何因地制宜地发展新质生产力,既关乎产业的持续健康发展,也影响着全球能源结构的转型与升级。

一、传统产业转型升级

2024年7月5日,工信部相关负责人表示,传统产业是现代化产业体系的基底,也是我国制造业发展的"基本盘",要推动其转型升级,绝不能当成"低端产业"简单退出。

从产业特征分析,新兴产业固然代表了科技进步的方向,但传统产业在转型过程中对新质生产力的需求同样迫切。特别是像新能源电池产业这样的关键领域,传统产业的基础地位更加不容忽视。面对日益加剧的市场竞争和不断变化的消费者需求,传统产业并非停滞不前或注定被边缘化。相反,它们通过技术革新和转型升级,完全有能力焕发新的生机,实现"老树发新芽",从而培育出符合时代要求的新质生产力。

我们应该充分认识到传统产业转型升级的必要性和紧迫

性，通过技术创新、智能制造、绿色转型、政策引导等多方面努力，推动传统产业向更高层次、更高质量发展。

（一）技术革新提升竞争力

我国电动自行车保有量约 4 亿辆，铅蓄电池在电动自行车用电池中占比接近 80%，且安全性较好、价格便宜，深受消费者青睐。铅电等传统电池技术，在多年的发展过程中积累了深厚的技术基础和市场经验。然而，随着新能源技术的不断进步，这些传统技术也面临着升级换代的压力。为此，企业需加大研发投入，引入新材料、新工艺，提升电池的能量密度、循环寿命和安全性能。例如，铅酸电池通过改进电极材料、优化电解液配方，可以显著提高电池的性能，满足更多应用场景的需求。

（二）智能制造提高生产效率

在智能制造的浪潮下，传统产业也迎来了转型升级的新机遇。通过引入自动化生产线、智能机器人、物联网技术等先进设备和技术，企业可以实现生产过程的数字化和智能化，大幅提高生产效率和产品质量。同时，利用大数据分析、云计算等信息技术，企业还可以实现对生产数据的实时监控和分析，优化生产流程，降低运营成本，提升市场竞争力。

（三）绿色转型实现可持续发展

面对全球气候变化和环境保护的严峻挑战，传统产业必须加快绿色转型的步伐。通过采用环保材料、优化生产工艺、加强废弃物处理等措施，企业可以减少生产过程中的环境污染和资源消耗，实现绿色生产。例如天能集团按照"举生态旗，打智造牌，走循环路"的战略布局，在行业内率先开展绿色生态设计，全面实现工艺装备的清洁化、智能化，经济效益和环境效益明显。以天能动力能源公司为例，与传统生产方式对比，全工艺智能化的铅蓄电池板栅相关指标显著提升，原料损耗大幅降低，万套电池人效相对提升74%，能耗降低50%，产能与10年前相比提升了10倍。

二、新兴产业加快发展

我国新能源电池产业正以前所未有的速度加快发展，展现出强大的活力和潜力。这一趋势不仅源于国内对清洁能源和可持续发展的迫切需求，也得益于全球范围内对新能源技术的高度重视和广泛应用。

（一）对标国际前沿，提升研发能力水平

在新能源电池领域，我国正积极对标国际前沿技术，不断提升自主研发能力，通过加强与海外高校、科研机构的合作，以及与国际领先企业的技术交流，不断突破关键技术瓶颈。例如，我国在固态电池、钠离子电池等新型电池技术的研发上取得了显著进展。固态电池以其高能量密度、高安全性和长循环寿命等优势，被视为下一代电池技术的重要方向。

中国科学家和企业通过优化电解质材料、改进电极结构等手段，不断提升固态电池的性能，逐步缩小与国际先进水平的差距。同时，我国新能源电池行业通过引入人工智能、大数据等先进技术，实现了对电池状态的精准监测和智能管理，提高了电池的使用效率和安全性。

（二）加快应用示范，推动产业成熟发展

为推动新能源电池产业的成熟发展，我国正积极加快应用示范项目建设。通过在实际应用场景中测试和优化电池性能，不断提升产品的可靠性和市场竞争力。在新能源汽车领域，通过购车补贴、免征购置税等政策措施，降低了消费者购车成本，我国新能源汽车年产量从2014年的7.8万辆，到2024年年产超过1000万辆，短短十年就实现了跨越式发展。同时，新能源汽车充电基础设施的不断完善，也为新能源电池的应用提供有力支持。此外，在储能领域，通过建设大型储能电站、微电网等项目，验证新能源电池在电网调峰、调频等方面的应用价值，为储能产业的商业化运作提供了宝贵经验。

（三）构建产业集群，形成规模优势和竞争优势

我国新能源电池产业的快速发展还得益于产业集群的形成。目前，已在多个地区建立新能源电池产业园区，吸引大量电池材料供应商、电池制造商和回收利用企业入驻。这些企业之间形成了紧密的合作关系，共同推动技术创新和产业

升级。在规模优势方面，我国新能源电池产业已初步形成了完整的产业链体系。从原材料供应、电池制造到回收利用，各个环节都有企业参与竞争和合作。通过集中产业链上下游企业，形成高效的协同生产体系，这种规模效应不仅降低生产成本，还可以提高产品的质量和性能，增强了我国新能源电池产业在全球市场的竞争力。

三、支持企业发挥主体作用

通过调研发现，新能源电池产业在加快形成新质生产力过程中会遇到相关问题。这些问题，有些是许多大型制造业企业的共性问题，有一些则是新能源电池产业遇到的个性问题。归为以下三类：

一是技术创新方面。研发通常需要大量的投入，并且技术更新换代速度较快，这对企业技术团队、科技投入都提出了新要求。

二是人才短缺方面。新质生产力需要高素质人才、新型技术工人支撑，这类人才仍相对短缺。希望国家进一步优化人才政策，加大技能型人才的扶持力度，破解产业人才的急难愁盼。

三是财税政策方面。近年来，新能源电池行业得到财税政策的大力支持。由于新能源产业发展速度较快，可以对个别政策进行调整，比如铅蓄电池产业经过这些年的转型升级，已经成为国家新能源产业的有机组成部分，如能减免电池消费税,可进一步减轻企业负担,推动企业加强研发投入,促进全产业链发展。

此外,在加快形成新质生产力方面,要充分发挥四个方面的作用。

一是发挥企业的主体作用。企业作为市场经济的细胞,是推动产业升级和形成新质生产力的核心力量。要通过不断加大科研投入,积极引进和培养人才,建立创新体系,推动科技创新和转型升级,加快形成新质生产力。通过引进先进的生产技术和设备,优化产品结构和生产流程,提高产品质量和附加值,增强企业的市场竞争力。

二是发挥政策的引导作用。政府在推动传统产业形成新质生产力方面发挥着重要的引导作用。企业要积极响应国家政策,充分利用政策红利,加大投资力度,推动企业创新发展。同时,政府也应在财税等方面给予企业支持,降低企业创新成本,激发企业创新活力。

三是发挥市场的导向作用。在供给侧结构性改革的大背景下,市场需求成为企业创新发展的重要导向。要紧密结合市场需求,通过精准的市场调研和分析,不断挖掘市场潜力,满足消费者多样化、个性化的需求。同时,企业还要积极与上下游企业合作,提高整个产业的竞争力。

四是发挥体系的支撑作用。在推动传统产业形成新质生产力的过程中,产学研用之间的协同合作至关重要。要加强与高校、科研机构等合作,共同开展科技创新和成果转化工作。通过产学研用的全流程贯通,企业将科技创新的专利成果转化为生产力,形成满足市场需求的产品和服务。同时,企业还要积极参与行业标准的制定和推广工作,推动整个产业的健康有序发展。

聚焦品牌建设　赋能新质生产力

江南春

（分众传媒创始人、董事长）

向"新"而行，向上而生，致力打造新质生产力，是各行业的发展新风向与新动能。尤其是在2024年的《政府工作报告》中，新质生产力的重要战略地位进一步得到明确，其推动经济高质量发展的内核引擎作用成为共识。

新质生产力代表了先进生产力的演进方向，其中，品牌建设是新质生产力的重要体现，科技创新是发展新质生产力的核心要素和关键所在。

品牌能够反映出一个国家、地区或企业的发展质量，品牌建设是高质量发展的重要标志，既是"承载者"，也是"助推器"，是一项长期性、战略性任务。加快品牌建设，无论是宏观层面对于国家的整体经济发展，还是具体到对于企业个体的成长，都具有重要意义。

一、品牌建设 发展之源

过去十年，营销技术突飞猛进，很多新名词诞生，营销在"术"的层面有很大的进步，但品牌建设才是企业发展最根本的"道"；若没有"道"的引领，"术"将无处安放。不少企业在存量博弈的时代背景之下，陷入迷思，三大问题日益凸显。

1. 流量满了，品牌弱了

流量效果广告本质上是一种用户租赁，而且流量成本越来越高，而品牌广告是一种用户投资，品牌即是流量，当品牌价值累积到了一定程度后，稳固的品牌认知就能够带来持续的、免费的流量。

2. 内容碎了，认知浅了

我们都在做内容，都在"种草"，但是内容却越来越碎，消费者对品牌的认知越来越浅。海量的碎片化的内容，使消费者很难对品牌的核心价值产生认知与记忆。

3. 触点多了，关注少了

现在我们拥有了很多触达消费者的方法，但消费者的关注度却变得越来越稀缺。在信息碎片化粉尘化的时代，触点太多、渠道太多，而遗忘也变得更快。

针对这些问题，破局的关键在于回归营销本质，回归品牌建设，走向高质量发展。

要相信品牌的力量。对于企业而言，品牌的高度就是增长的空间；只有打造高质量品牌才能真正穿越周期。企业真正的竞争力，是使消费者的心中拥有一个选择你而不选择别人的理由。

全球知名的市场研究机构凯度曾做过一个投资营销回报率分析，发现真正健康的企业，其70%的销量来自于品牌的指名购买，只有30%的销量来自于短期的促销和流量转化。这样的公司才是真正有利润的公司。

流量很重要，但流量不是生意增长的根本，品牌既要流量，更要"留心"。跟进平台的算法非常重要，但是只有算准了人心，才是品牌持久发展的根本，人心才是更高级的算法。

正因如此，以新质生产力为指引，聚焦品牌建设，成为品牌未来发展的关键与着力点。相应的，有三个方向值得去探索。第一，既要流量，更要"留心"。第二，既要"种草"，更要"种树"。第三，既要触达，更要"触动"。品牌是商业世界里最大的马太效应，从长期来看，头部品牌往往会吸走大部分利润，品牌的集中度也将变得越来越高。

二、"1+N+X"营销中心化

从方法论上看，推进品牌建设需要注重营销的升维，营销需要再中心化，以"1+N+X"模式实现规模化精准。

由于自媒体用户众多，每一个个体都能进行内容输出与营销，虽然千人千面的精准分发具备触达精准度高与内容个性化强等方面的优势，但同时也造成了信息茧房严重、信息碎片化等问题，限制了品牌打造与生意增长。在充斥着海量信息的互联网中，品牌的投入很容易湮没其中，而看似精准的流量广告，只是交易而非打造品牌，无法破圈形成品牌的社会共识。

当社交"种草"成为营销标配时，也就意味着大规模"种草"的红利已经结束，他们都在草地上种草，一堆草种在同一片草原上，如何让消费者发现便成为难题。因此，把品牌高频曝光到大家耳熟能详，大家才会关注到这棵大树以及树下种的那些草。营销需要结合"1+N+X"模式规模化精准，实现再中心化。

这其中，"1"指需要1个中心化媒体的引爆，"N"指N个场景、N个兴趣内容、N个事件的N倍放大，"X"指海量的"种草"。三者相结合进行优势互补，推动实现再中心化。

拉长时间维度，品牌建设的方法论也一直在变化与进阶之中。媒体不断变迁，传播方式和内容发生了巨大的变化，品牌建设的思路与方法也需要随之调整，与之相适。

十年前，品牌广告多是"被动接受"式的，电视、综艺、贴片、分众基本都以消费者被动接受为主。而移动互联网时代的到来，使这种关系经历了从被动到主动，再到双驱动的变化。其中，双驱动是指"一抖一书一分众"，抖音、小红书用户自身产生内容，分众是新一代的被动性媒体；前者是主动性流量，后者是被动性流量。主动媒体的优点在于消费者能进行主动评论互动；被动媒体的优点在于能产生更强效的消费者主动性观看——双驱动广告能兼顾这两种媒体的优点。

今天，我们既有中心化的媒体，也有分散型的媒体。前者就像分众，全国四亿消费者一起看，能够传播"中心思想型"内容，通过统一的传播内容建立统一的思想认知；后者则多元化，能够通过不同的 KOL、KOC，从不同角度、不同场景、不同内容出发。两种媒体一起形成了一个既"种树"又"种草"的生态系统，品牌建设也随之从单链爆破演变为全链共振。

三、消费跃迁 未来可期

过去 30 年，我们已经形成了 4.7 亿规模的中等以上收入人群，经历了从"性价比"到"颜价比"再到"心价比"的消费跃迁，而今天很多中国消费者既要"性价比"，又要"颜价比"，还要"心价比"。消费者对美好生活充满向往，想要成为更好的自己；主流人群的消费心理，从低价、刚需、实用、必要逐步转向对品质、审美、情绪、心灵抚慰的追求。"爱美、爱玩、爱健康；怕老、怕累、怕孤独；缺爱、缺心情、缺刺激"，未来大量的机会将蕴藏于这"三爱三怕三缺"之中。

这种趋势之下，大家对精神层面的需求越来越高，精神愉悦超过了物质功能。

因此，品牌在未来可以走三种路径。第一种，"三高路径"，高品质、高品牌价值、高性价比同时存在；第二种，"继续升级"，升级品牌的独特价值，提供让消费者精神愉悦的非物质价值，从产品的审美格调、自我标签、社交价值等方面服务消费者；第三种，"情绪价值"，例如IP化的盲盒、主题乐园、短剧、电影、演唱会等不提供功能，但能抚慰心灵和情绪。

四、向"新"而行 共筑新质生产力

新质生产力是创新起主导作用，摆脱传统经济增长方式、生产力发展路径，具有高科技、高效能、高质量特征，符合新发展理念的先进生产力质态。科技创新是发展新质生产力的核心要素和关键所在。

面对新技术对各个行业可能带来的革命性变化，企业应当以发展新质生产力为先导，坚持以科技创新为驱动，加大科研投入，持续提升数字化、智能化营销能力，不断尝试和探索新兴技术的广泛应用，通过数字化的手段和新技术的应用，持续提升服务能力和运营效率，增强核心竞争力，为品牌提供高质量赋能。如分众传媒作为线下广告媒体，一直致力于通过科技创新促进广告传播效果的持续提升，助力产业高质量发展，在2018年已完成数字化转型的基础建设，并在不断创新发展中积极探索AI技术在营销领域的应用。

德鲁克认为企业其实只有两个功能：一是创新，创造差异化的产品和服务；二是通过市场营销成为顾客心中的首选。这也正是新质生产力发展进程中，聚焦品牌建设与科技创新两个落点的根源所在。

新质生产力的建设与发展，具有划时代的伟大意义，昭示着中国企业高质量发展进入到了一个崭新的动能阶段。相信这个时代，相信这个国家，就是最好的商道。可以预见，未来十年，百亿、千亿级的中国品牌将不断涌现，中国高质量发展的强大动力源源不竭。